华夏文库·儒学书系

上古智慧

尚书

王春林 著

大地传媒　中州古籍出版社

《华夏文库》发凡

毫无疑问，每一个时代都有属于自己时代的精神追求、文化叩问与出版理想。我们不禁要问，在21世纪初叶，在全球文明交融的今天，在信息文明的发轫初期，作为一个中国出版人，我们正在或者将要追求什么？我们能够成就或奉献什么？我们以何种方式参与全球化时代的文化传播进程？在一连串的追问下，于是，有了这套《华夏文库》的出版。

自信才能交融。世界各大文明在坚守自身文化个性的同时，不约而同地加快了探视其他文化精神内涵的步伐，世界不同文明正在朝着了解、交流、碰撞、借鉴与融合的方向前进。在此背景下，建立自身的文化自信，正是与世界各文明民族进行文化交流的基本要求。五千年中华文明与文化正在不断地被其他文明所发现、所挖掘、所认知，汉语言正在生长为世界语言，儒文化正在世界各地生根发芽。

借助这样一种正在成长着的文化自信、自觉、开放、亲和之力，用我们这个时代的学术眼光全面系统梳理中华五千年的文明与文化，向其他各大文明与文化圈正面展示自我，让中华优秀文化成为世界文化的重要组成部分，正是我们出版这套文库的目的之一。此其一。

知己才能知彼。身处五千年文化浸润的今天，重新思考我们先人的人生思考、价值思考与哲学思考，找到一个民族、一个国家的价值所在、立命所在、安身所在,这已经是我们这个时代的学人与出版人不得不再思考的问题。作为中华文明的一分子,我们在思考的同时,还必须了解我们的先人创造了如何优秀的精神文明与物质文明以及社会文明。只有熟知自己的文化,热爱自己的文化,悟明自己的文化,我们才能宣说自己、弘扬自己、光大自己。因此,我们策划组织这套《华夏文库》的初衷,还在于让当下的知识青年全面系统瞭望中华文明与文化的全景,并借此能够对更为深广的世界各民族文化提供一个比较认知的基础。此其二。

顺势才能有为。我们正处在农耕文明、工业文明、信息文明的交汇处,信息文明带领我们从读纸时代进入读屏时代,以智能手机屏幕为代表的书籍呈现方式正在与纸质书籍争夺阅读时间与空间。我们正在领悟数字技术,正在以信息文明的视角,去整理、分析和研究农耕文明与工业文明的文化遗产,不仅仅是为了唤醒优秀的传统文化,我们还在生发和原创着当今时代的文化。由此,我们试图架起一座桥梁——由纸质呈现而数字呈现,由数字呈现而纸质呈现,以多媒介的书籍呈现方式,将文字、图像、声音与视频四者结合,共同筑成《华夏文库》以奉献给信息文明时代的新读者。此其三。

总之,这是一套——专家大家名家写小书;以最小的阅读单元,原创撰写中华精神文化、物质文化与社会文明系列主题与专题;以图文、音视频多媒介呈现的方式,全面介绍与传播中华文明与优秀文化,系统普及与推介中华文明与文化知识;主旨是为了让世界与中国共同了解中国的——大型丛书,借此,复兴文化,唤起精神,融入世界。

耿相新
2013 年 6 月 27 日

目 录

引言　传统儒家献给今天世界的礼物 ………………………… 1

一　中华历史溯源
——《尚书》

　　1　上古文明的记忆 ……………………………… 6
　　2　"天书"的6种文体 …………………………… 9
　　3　质朴古奥的散文 ……………………………… 12
　　4　曲折迷离的文本流传 ………………………… 17

二　辉煌文明的缔造者

　　1　万世景仰的禅让圣人
　　　　——尧、舜 …………………………………… 25
　　2　九州蓝图的绘画者
　　　　——禹 ………………………………………… 35

3　顺天应民的革命者

　　——商汤 ·· 40

4　中国第一贤相

　　——伊尹 ·· 50

5　开创殷商之基的明君

　　——盘庚 ·· 54

6　从奴隶到贤臣

　　——傅说 ·· 61

7　文韬武略的盖世英雄

　　——周文王、周武王 ······························ 68

8　中华礼仪之邦的奠定者

　　——周公 ·· 75

三　修身治国的大智慧

1　上天赐予的大道

　　——洪范九畴 ·· 86

2　幸福人生的密码

　　——善修五福 ·· 93

3 备受推崇的心法
——允执厥中 ·············· 98

4 天人合一的诉求
——以德配天 ·············· 105

5 亘古不变的理念
——民惟邦本 ·············· 111

四 百家争鸣的"《尚书》学"

1 注重文字训诂的《尚书正义》 ·············· 116
2 追求义理阐发的《书集传》 ·············· 123
3 历代对《尚书》的评价 ·············· 131

小知识目录

孔子与《尚书》 8

清华园重现"真经" 22

华夏 27

三皇五帝 27

上古姓氏文化 28

娥皇、女英的美丽传说 32

大型乐舞《箫韶九成·凤凰来仪》 33

满招损,谦受益 38

中国第一个王朝——夏朝建立 39

网开三面 46

妲己与纣王之罪 47

王道 53

中国酒文化与最早的禁酒令 58

《梦傅说》 66

方国 72

周朝 73

诗句赏析 74

定鼎洛邑	83
握发吐哺	84
"食哉惟时"的饮食观	92
"明德慎罚"的司法精神	103
《尚书》撷句	109
训诂	121
义疏	121
正义	122
从"五经"到"十三经"	122
理学	130
阎毛之争	130
原始宗教崇拜	134

引言

传统儒家献给今天世界的礼物

曾几何时，我们仿佛与传统隔绝了，一切都成了现代版：现代化的生活，现代化的世界。不知不觉中，西化变成了社会思潮的新时尚、现代化的近义词。伴随着快三节奏的舞曲，我们生活的脚步迅速地转了一圈又一圈。在尽情享受着现代物质文明的同时，我们却来不及细想：中国文明的根源在哪里？灿烂辉煌的古代文明给我们的现代化带来了什么？……

当透支的精力无法再支撑长时间的旋转时，我们开始放慢脚步，探寻与心灵共振的节奏。

终于静下心来，寻找中国现代文明的根源。于是，翻开一页页的《尚书》，顿时，我们回归到中华先民的社会思想画面中：在这里，有对尧舜禅让的敬仰，也有对大禹治水的歌颂；有对圣王贤相的称赞，也有对变革维新的呼声；有对社稷民生的关切，也有对修身进德的静思……古奥的文字，质朴的语言，悄然地净化着人们的心灵，传递着

涡纹双耳彩陶罐
属于新石器时代马家窑文化文物，高 50 厘米，1956 年甘肃省永靖县出土。这件彩陶罐有 4 个大旋涡纹绕器一周，在 2 个大旋涡纹之间还绘有 2 个小旋涡纹，具有很强的动感，反映出原始先民对水这一具体事物有着抽象的概括和表达

智慧的信息。

《尚书》既是史又是经。

作为史书的《尚书》，是中华先民创造历史的第一部"百科全书"，承载着中华民族和国家形成的最初记忆，记录着中华文明的发源史，汇集了前人的经验和智慧。尧制历法，农业发达；舜兴政改，奖善罚恶；禹别九州，系统治水；汤武革命，顺天应民；盘庚迁都，殷商兴盛；文武灭纣，封邦建国；周公辅政，制礼作乐。沿着历史前进的轨道，踏着圣人贤臣的足迹，我们在惊叹中国古老文明的同时，也折服于前人的聪明才智。读史可以明智，知古方能鉴今。了解历史，才能把握现在，创造未来。今天的我们，空闲之余，何不聆听中国"昨天和前天"的真实故事？

《尚书》也是一部儒家经典，五经之一。儒家经典给中国文明带来了什么？又给中国现代提供了哪些智慧？历史悠久的中国文明，影响深远并且一直延续到今天。我们依靠什么让我们的中华古代文明傲立至今？一个重要原因就是：儒家经典里孕育着天人合一、自强不息、厚德载物的中华民族精神，蕴藏着中国人仁爱和谐、修德至善的核心价值观。这些无形而极具生命力的民族精神和价值观，根植于一代代炎黄子孙的思想中，内化在创造历史的实践中，中华文明由此得以一脉相承，绵延千年。

在儒家经典中，《尚书》是治国修身的大经大法。在治国方面，立足于"民惟邦本"，重民意、顺民心、厚民生，以儒家中道观治理国家，强调治国于未乱、保国于未危，德刑相辅，君民和谐，等等。这些在今天的国家和社会管理上仍然焕发着智慧的光芒。在修身方面，勤勉无逸、进学修德等要求，又无不是现代人日常的必修"科目"。

孔子说："疏通知远，《书》教也。"一部《尚书》在手，让人在感受中国灿烂的历史文化，树立文化自信的同时，又提高了自己的人文修养，增益了人生智慧。

不妨让我们一起走进经典的殿堂，寻找历史的记忆，见证文明的创造，发现文化的源泉，开启自己的心智……

一 中华历史溯源

——《尚书》

作为中国第一部历史文献,《尚书》记载了上古时期人们改造自然、创造历史的经验和智慧,蕴含着中华文化的生命基因,是中国历史文明的源头。《尚书》不仅是历史文献,而且是一部为政治国的宝典。流动的上古历史、闪烁的治国智慧,诠释着人生哲理。由于《尚书》的地位和成就,西汉时《尚书》被儒家奉为经典,立为官学,并且受到历代帝王和读书人的追捧。

《尚书》还是中国古代早期文学巨著。虽然《尚书》的语言文字大多古奥难懂，但是文体完备，具有比较成熟的写作技巧，富有文学色彩，是古代散文形成的标志，开启了中国历史散文的先河。

作为上古帝王之书、传承中华文明之书，《尚书》受到后人的尊重，被称为"天书"。书中艰涩的语言、古老的文字，更增添了"天书"的神圣意味。更让人称奇的是《尚书》版本的流传过程，真可谓一波三折，曲折迷离，极富传奇色彩。正是风云多变的版本流传，为中国历史文化留下了一个千古悬案。至今，《尚书》版本的"庐山真面目"还未揭开。

1. 上古文明的记忆

中国是一个有着悠久文化的文明古国。在数千年的历史长河中，上古的历史离我们今天已经久远了。"大江东去，浪淘尽，千古风流人物。"但是，华夏先民创造的文化，仍然保留在古文献中，代代相传至今。《尚书》，是我国现存最早的历史文献，上从尧舜时代开始，中历夏、商、西周，下至东周（春秋中期），记载了1500多年的历史，堪称上古文明的记忆。

《书》的形成

在原始社会时期，人们在劳动和生活中，积累了很多经验和知识。为了把这些经验和知识保存和传承下去，人们发明了文字。文字出现后，就可以用文字将国家政治大事和经验智慧记录下来。做这个记录工作的就是史官，即专门记载史事的官员。

夏代的国家机构中，已设置有史官。西周以后，史官制度渐渐完善，史官的分工也逐渐细化：既有左史，又有右史；不仅中央王室有，各诸侯国也有。左史和右史分工不同,左史主要记录君王和大臣的言行,右史主要记录国家大事。

为了方便保存和后人阅读,史官将上古不同时期的文书,按照朝代的时间顺序汇总,形成了《虞书》《夏书》《商书》《周书》,统称为《书》。《书》就是一部记录君王和大臣们言论的历史文书。

鲁国史家左丘明
左丘明是春秋时代鲁国的史学家。相传他是鲁国的史官,与孔子时代相同,人品受到孔子的称赞。他根据《春秋》的纪年收集各国史料,撰成了《春秋左氏传》一书,也称《左传》。此书大大丰富了原书的内容,而且史料翔实,艺术性强,成为史学史与文学史上的典范之作

《书》的内容都和政事相关,也与做人做事紧密相连。《荀子》说:"《书》者,政事之纪也。"《史记》说:"《书》记先王之事,故长于政。"《尚书》实际上是我国最早的政事史料汇编,是虞、夏、商、周帝王的诰文和君臣的谈话记录,可以说是上古帝王之书。它涉及政治、经济、军事、思想和文化等各个方面,是学习和研究我国古代文化的重要文献。

《尚书》书名的由来

西汉时,儒家把《书》改称为《尚书》。为什么在"书"前面加"尚"呢?在古代,"尚"和"上"的意思是一样的,"尚"即"上"。

"尚"大致有三层含义:

一是上古的意思,表示这记载的是远古的历史。《史记》说:"尚,上也,言久远也。"《尚书》就是"上古之书"。

二是表示尊崇的意思。郑玄在《书赞》中说:"尚者,上也,尊

而重之，若天书然，故曰《尚书》。"认为《尚书》就像天书一样，受到人们的尊重。

三是代表"君上"，即古代帝王、君王。《尚书》指的是上古帝王之书。汉代经学家王肃在《尚书注》中说："上所言，下为史所书，故曰《尚书》。"意思是说，史官把帝王的言行记录下来，形成的历史书，叫作《尚书》。

西汉时，儒家把《书》《诗》《礼》《周易》《春秋》尊为"五经"，《尚书》取得了经典的尊贵地位，但还是称《书》或《尚书》。宋代才将《尚书》称为《书经》。

小知识◎孔子与《尚书》

孔子是我国的大教育家。他传授门徒时，以六经（《书》《诗》《周易》《礼》《乐》《春秋》）作为教材。历史上关于孔子与《尚书》的关系，争议很大。一般认为孔子删《书》、序《书》、编《书》。司马迁和班固认为，《尚书》是孔子编纂的。司马迁说，孔子为《尚书》写了序言，并删订了《尚书》，编订顺序。但《尚书》由孔子整理编纂而成的说法，从宋代开始，遭到了人们的怀疑。近代以来，又出现两种不同的观点：一种观点否认孔子与《尚书》的关系，另一种观点认为《尚书》是孔子所作。不过，从先秦典籍记载中，可以证明的是：《尚书》是古代史官集体编写的，孔子整编过《尚书》。

2. "天书"的6种文体

把《尚书》称为"天书",不外乎两种意思。一是尊称,《尚书》就像天书那样神圣,值得尊崇;二是指难懂,《尚书》历来号称难读,从这一方面来说,《尚书》像天书一样,让后人难以读懂。

《尚书》是上古之书,它的语言文字大多出于3000多年前岐周地区的方言,十分难理解。

古代的文字,是不断变化的。《尚书》在流传的过程中,书写文字的字体相差很大,难以辨识。

古代的典册也不利于保存,翻阅多了很容易磨损。据史书记载,孔子晚年十分爱读《周易》,由于经常翻阅,以至于多次翻断了编连简册的"韦"(熟牛皮绳),后人称"韦编三绝"。可见古代的典册容易损坏。此外,《尚书》流传的时间一长,有些简册出现散乱,有些残缺,有些文字脱落,这就为后人的理解制造了许多麻烦,增加了读《尚书》的难度。

唐代著名文学家韩愈说:"周诰殷盘,佶屈聱牙。"周诰,指的是西周时的诰示一类的文献。殷盘,指的是殷商时期的《盘庚》一类

韦编三绝

"孔子晚而喜《易》",韦编三绝。在纸发明以前,古代多用竹片或木片作为书写材料,统称为"简"。一部书通常要用许多简片,把这些简用熟牛皮绳编连起来叫"韦编"。"韦编三绝"说明孔子多次翻读《周易》,现比喻读书勤奋

的文献。韩愈用"周诰殷盘"指代《尚书》,认为《尚书》的文字十分晦涩艰深,难懂难读。近代国学大师王国维也曾经感叹,他对《尚书》其中有一半语言文字没有看懂。一代大师都有如此感慨,可见如果要字字读懂《尚书》,其难度不言而喻。

另外,《尚书》的篇章多是上古帝王的政令和言论的档案文献,也就是古代的公文,古代公文与现代公文相差极大,读起来也不那么习惯。

今天通行本《尚书》,共58篇,其中《虞书》5篇,《夏书》4篇,《商书》17篇,《周书》32篇。

《尚书》有典、谟、训、诰、誓、命6种文体。

典 记载君主的言论、事迹或重要史实,如《尧典》《舜典》等。

谟　记君臣策划、谋议大事的对话，如《皋陶谟》《大禹谟》等。

训　臣下开导君主的话，如《伊训》等。

诰　君主对臣下的告诫教导之词，如《大诰》《洛诰》《召诰》等。

誓　君主征战训诫士众的誓师之词，如《甘誓》《汤誓》《泰誓》《牧誓》《费誓》等。

命　君主任命官员或嘉赏臣下的册命之词，如《毕命》《文侯之命》等。

在6种文体中，诰的数量最多，尤其在《周书》中。

3. 质朴古奥的散文

中国既是诗歌大国,又是散文之邦:一部《诗经》树立了诗歌的丰碑,一部《尚书》开启了散文的先河。

《尚书》是古代散文已经形成的标志,在中国散文发展史上,具有重要贡献。《尚书》尽管还处于散文的"童年"时期,文学艺术还脱离不了"童年的稚气",但是那古朴自然而不失情态的语言,却彰显出它独特的气派和风味。

层次分明的布局

在早期的文学形态中,甲骨卜辞和铜器铭文大多还是片断的语句,但《尚书》文已成篇,内容也更丰富了。而且,《尚书》已经开始注意在命意谋篇上用功夫,有比较成熟的写作技巧了。

如《商书》中的《汤誓》,这是一篇商汤讨伐夏桀的誓词。这篇战争檄文十分简短,仅100多字,但是已具有严谨的结构,层次分明。

在这篇誓词中,商汤的话可以分成两段。第一段说明兴师征伐的

《豳风图》（部分）
此图取自《诗经》中的《豳风》，南宋马和之绘。《诗经》是我国第一部诗歌总集，中国文学的主要源头之一，共305首，又称"诗三百"。按用途和音乐分为"风、雅、颂"三类

原因，第二段申明赏罚的办法。

商汤原本是夏王朝的一个属国的国君，夏桀是君，商汤为臣，按传统伦理说，臣不应该反君。所以，从逻辑上来说，为什么要反夏桀就成了一个最重要的问题，这也必将是誓词的重点。事实上，《汤誓》在结构上首先给出的就是伐桀的原因。商汤一一列举夏桀的暴行和昏庸，以说明讨伐夏桀是顺民心之举，是正义之战。然后又反复强调，商汤讨伐夏桀是奉上天之命，合理合法。这一段讲得非常详细。在讲完正义之战、合法革命的道理以后，商汤才在篇末以简单的语言讲明军事纪律，申明赏罚。

可见，在文章布局上，《汤誓》已经层次分明，结构合理，具备了文学作品的要素了。

《尚书》还有不少篇章，虽然以记言为主，但在记言中穿插叙事，说理细密，首尾完整，富有表现力，成为历史散文和记叙散文的先导。

古奥精练的语言

《尚书》虽然在语言文字上艰涩难读，但是在情感的表达上，却有着纯朴而阳刚的气韵。作为记言的历史散文，《尚书》记载的都是帝王将相的言论，言语之间，古奥而富有情态。

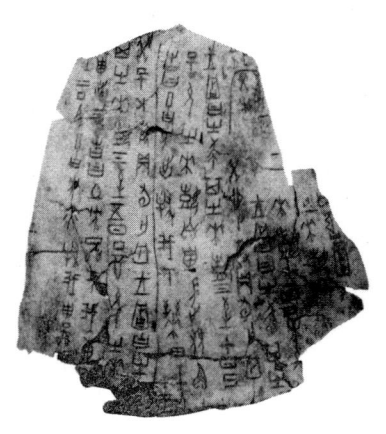

甲骨卜辞

甲骨卜辞是商周时期占卜时刻在龟甲和兽骨上的文字，亦称卜辞，是中国散文的最早源头，主要出土于安阳殷墟。甲骨文已具备了汉字结构的基本形式，是一种发展成熟的文字。此处的牛骨正反面刻满了卜辞，字内涂朱，内容是关于北方部族入侵、王命诸侯、田猎及天象等

如前《汤誓》篇，商汤在控诉夏桀暴行时，正气凛然，慷慨激昂，很有语言艺术。

他先是表明自己不得不去征伐夏桀的态度，然后接连抛出问题：为什么要让百姓放下手中的农活去征讨夏王？夏桀的罪行到底怎么样呢？通过自问自答的方式，商汤一一破解听众的疑虑。特别是商汤引用百姓对夏桀的怨恨词"时日曷丧，予及汝皆亡"一句，更是激起了听众的强烈反桀之心，极具鼓动性。

最后商汤申明赏罚，他说："你们只要辅佐我，我将大大地赏赐你们！……如果你们不听从我的誓言，我就让你们去当奴隶，没有谁会得到赦免！"语气严厉，毫无余地可留，很形象地再现了一个立志革命的领袖气魄。

《尚书》还有一些篇章在记载言论时，很好地表现了说话人的口

气情态。

《秦誓》篇,是春秋时期秦穆公伐郑,在崤地被晋国击败,回来后告诫群臣时所作的誓词。

全篇誓词是秦穆公对臣下的悔过之词。穆公以沉痛的心情,深入剖析自己的缺点,他说:"别人有能力(我)就妒忌厌恶;别人美好明智,我却万般阻挠,使他不顺利。我这种不能宽容、包容他人的缺点,使得我不能保护我的天下百姓,这样下去,很危险啊!"穆公言词恳切,很有感染力。

接着穆公感叹:"责备别人不是难事,受到别人责备,听从它如流水一样地顺畅,这就困难啊!"这句话直指人性的弱点,蕴含着深刻的哲理。秦穆公痛下决心,真心悔改之情,溢于言表。

邻国有贤臣
公元前625年,在秦国强大的军事压力下,戎人开始与秦国合作。戎王派使者由余到秦国,秦穆公看中由余的才干,于是听从内史廖的建议,采取离间计,决心留下由余。穆公给戎王送去女乐,一年之后,穆公才让由余回国。这时戎王迷恋于女乐,根本听不进由余的劝谏,由余大失所望,只好回到秦国,一心一意辅佐秦穆公。秦穆公采取由余的计策,攻伐西边戎族的小国,先后灭掉了12个国家,开拓疆土千余里,秦穆公终于称霸于西方。此图出自清刊本《东周列国志》

形象贴切的修辞

《尚书》中,还运用了一些修辞手法,使说理带有一定的形象性。如《盘庚》3篇,是先秦散文的名篇,文辞古奥,不易通读。但是这3篇借助不少比喻,使得语言在质朴中富于音乐的美感,形象而深刻。

《盘庚》是商王盘庚动员臣民迁殷的训词,语气坚定、果断,显示了盘庚的目光远大。当大臣们反对他迁都的举措时,盘庚反复劝说,把迁都比作"若颠木之有由蘖"。蘖(niè),被砍去或倒下的树木再生的枝芽。盘庚的意思是说,不迁都,国家就像一棵倒下的树,走向衰亡。迁都到殷地去,就会让国家像枯木发新芽一样,重新兴盛发达。

对于贵族的浮言惑众,盘庚很不高兴,他警告贵族说:"予若观火。"形容观察事物明白透彻,清楚得就像看火一样。盘庚对贵族的言行十分了解,看得很清楚,因此决定严肃纪律。"若网在纲,有条而不紊",像把网结在纲上一样,使迁都一事有条不紊地进行。如果贵族不去掉私心,还要明知故犯,错误的言论"若火之燎于原",盘庚就会对他们严惩不贷。"若火之燎于原",意思是小火星可以引起燎原大火,比喻小事可以酿成大事。

现如今,"有条不紊""予(洞)若观火""星火燎原"等成语被人们所传诵。这些比喻生动贴切而又浅显易懂,充满生活气息,为文章增添了文学色彩。

4. 曲折迷离的文本流传

《尚书》版本的流传过程一波三折,极富传奇色彩。

《尚书》在先秦就有定本,孔子曾将《尚书》作为儒家讲习的主要课本,《孟子》《左传》《国语》《墨子》《荀子》《韩非子》《吕氏春秋》等先秦古书都曾经引用过《书》的句子。据《汉书》记载,孔子把《尚书》删订为100篇,这个百篇本很可能就是《书》的最早定本。但是,在经历了秦始皇焚书和秦末战乱之后,这个定本散失殆尽。

汉代《书》之文本流传与今古文之争

秦始皇焚书时,不少读书人仍然冒死藏书。当时,在济南,有一个叫作伏胜的儒生,即伏生。他曾经担任秦朝博士,有一本秦朝官方定本《尚书》。伏生没有把这本书交出去烧毁,而是把它藏在墙壁中,幸运的是没有被官方查到。

西汉时,伏生终于可以将他的书取出来了。但伏生发现,藏在墙壁多年,《尚书》简册已经断烂不少,只得28篇完好。伏生就用这

焚书坑儒

公元前213年,秦始皇采纳丞相李斯的建议,下令焚烧除秦国以外的其他国家的史书;《诗》《书》及诸子百家之书只有博士官可以保留,其他的限期交出烧毁。这就是历史上著名的"秦始皇焚书"事件

28篇在齐鲁一带教授学生。

汉文帝时,由于秦朝的焚书和秦末的战乱,原来的《尚书》典籍已经失传。文帝听说伏生传授《尚书》后,想把他请到朝廷来。可是,当时的伏生已经90多岁了,不能走动了。于是,文帝派太常寺(主管礼仪、教育的部门)大才子晁错到伏生家里学习。伏生当时已不能手写了,便将《尚书》口授给晁错。

晁错原本是学法家的，对《尚书》了解甚少，加上伏生讲的是方言，也不知晁错是否全听懂了，故有后人认为晁错当时有记错的地方。但不管如何，晁错不负使命，把记录下来的《尚书》带回朝廷，用当时通行的隶书重新誊写，保存在朝廷。这个文本就叫作《今文尚书》。因是伏生传授的，又称为"伏生本"。

后来，经过相互辗转传授，伏生的弟子形成了《尚书》学三家，即欧阳高、夏侯胜和夏侯建。从汉武帝到汉宣帝期间，这三家先后被立为博士，列为学官。汉武帝时，民间又献出《泰誓》。这样，《今文尚书》一共有29篇。

汉武帝末年，又出现了另一个著名的本子——《古文尚书》。据《汉书·艺文志》记载，汉武帝时，分封在孔子家乡的鲁恭王刘余为了扩建宫室，在拆除孔子住宅时，发现了一部《尚书》，共有45篇。这本《尚书》是用先秦六国的古文字写的，所以叫作《古文尚书》，又因为这个本子是在孔子住宅的墙壁中发现的，也把它叫作"孔壁本"，或"壁中本"。

鲁恭王把"孔壁本"交还给孔子的后裔孔安国。孔安国，字子国，西汉经学家，曾受伏生传授《今文尚书》，精通《今文尚书》。孔安国得到"孔壁本"之后，对这本《古文尚书》进行研究，发现其中有29篇和"伏生本"基本相同，另外多出了16篇。后来，孔安国将"孔壁本"原本献给朝廷，收藏在皇家藏书库。

孔安国将"孔壁本"原本献给官方后，自己留下一个抄本。这个

晁错像

晁错（前200～前154年），颍川（今河南禹州城南晁喜铺）人，学贯儒法。汉文帝时，晁错因文才出众任太常掌故，后历任太子舍人、博士、太子家令（太子老师）。晁错号称"智囊"，汉景帝时为内史，后升迁御史大夫。曾多次上书主张加强中央集权、削减诸侯封地、重农贵粟。吴、楚等七国叛乱时，晁错被景帝错杀

汉武帝像

汉武帝（前156～前87年），名彻，是汉王朝的第5位天子。曾听取董仲舒"罢黜百家，独尊儒术"的建议，开创了中国传统主流文化。刘彻在位期间，不仅成功削弱了诸侯割据势力，巩固了中央集权，更为可贵的是，他养战马、训骑兵，一心一意与匈奴作战，直到把匈奴实力彻底摧毁。又通过张骞出使西域，加强了同西域的交流。到他死去的时候，中国的版图比刘邦的时候大得多了

抄本不是原文字，而是用当时的隶书写成的。孔安国在抄本的基础上对《古文尚书》内容进行整理，并为之作注解，撰写《尚书孔氏传》，后人称为"孔传"。

汉武帝本来是准备在孔安国作传以后，将《古文尚书》立为官学，但是当孔安国作完"孔传"后，正好赶上"巫蛊之祸"，当时朝野大乱，汉武帝无暇顾及。孔安国只好私自传授《尚书孔氏传》，在民间流传。《史记》的作者司马迁，就曾经向孔安国请教过古文经学。这就是西汉第三个本子，即"孔传"本。

东汉时又出现了另一个《尚书》版本，由贾逵、马融、郑玄等人注解，也叫作《古文尚书》。它的篇章数量和《今文尚书》一样，其特色主要在小学（文字学）方面。隋唐时期的陆德明作《经典释文》专门从事这方面研究。他指出《今文尚书》的文本质量很差，贾逵、郑玄等人所注《古文尚书》的文献质量好于"伏生本"。《汉书》记载它是由杜林保存到东汉，并传授给卫宏等人。所以这个版本也叫"杜林本"。

由于《今文尚书》与《古文尚书》存在着来源、版本、书目等方面的不同，因而引发了汉代著名的今古文之争。今文家注重阐述微言大义，重师承守家法；古文家注重文字训诂，考订名物制度。除了研究方法和目的等学术之争外，也暗含权势利禄之争。

概括说来，《今文尚书》在汉代始终立于官学，因而《今文尚书》一直是官方规定的标准读本。西汉时期立的欧阳、大夏侯、小夏侯三

家,都是伏生一派分出来的。《古文尚书》只在民间传习,虽然在西汉末年经刘歆力争立于官学,但东汉初年又被取消了。后来,经杜林、贾逵、马融、郑玄等著名学者的提倡,逐渐在学术界取得了优势,到了魏文帝曹丕时,《古文尚书》又重新成为官学。

邴吉

武帝末年发生"巫蛊之祸",丞相公孙贺之子公孙敬声被人告发用巫蛊诅咒汉武帝,此事株连阳石公主。汉武帝命宠臣江充办案,致使事态不断扩大,最后皇后、太子、丞相和无数大臣都成为"巫蛊之祸"的牺牲品。当时担任狱吏的邴吉出于同情心,将太子才几个月大的孙儿在狱中托人抚养,并取名"病已"。汉昭帝死后,因其无子嗣,邴吉便推荐病已继位,并得到权臣霍光的同意,是为汉宣帝刘询,邴吉被封为丞相

梅氏献书与真伪疑云

西晋永嘉五年(311年),匈奴攻陷晋朝京都洛阳,俘获晋怀帝,杀官民3万余人,史称"永嘉之乱"。此次战乱,使《古文尚书》和《今文尚书》全部失传。

东晋元帝时,豫章内史梅赜献出一本"孔传"本《古文尚书》。梅赜说,这部书是魏末晋初的学者郑冲传下来的。但是,梅赜对于郑冲如何得到《古文尚书》,又怎么传到自己的手中,都没有说明。这本书比《今文尚书》的29篇多出25篇,又从"伏生本"的篇章中分出4篇,共58篇。除《舜典》外,其余都有孔安国的注解。书前还有孔安国写的序,说明他得书和作传的情况。

梅赜献出的"孔传"本《古文尚书》,很快被统治者立为官学。从东晋到隋唐,学者大多相信这就是源于"孔壁本"的《古文尚书》,也相信是西汉孔安国作的传。此书流传极广,唐代孔颖达的《五经正义》,就是依据这个本子撰成的《尚书正义》。《尚书正义》成为唐代官方定本,后又被收入清人编纂的《十三经注疏》中。

汉代陶扑满

据汉代刘歆所著《西京杂记》记载:"扑满者以土为器,以蓄钱,具有入窍而无出窍,满则扑之。"刘歆,字子骏,刘向之子,西汉皇室宗亲。他推崇古文经学,编撰的《七略》是中国历史上第一部图书分类目录

宋代开始,疑古之风盛行,开始了这部书的真伪之争。不过,宋代仅仅是怀疑梅氏的《古文尚书》。明清时期,有人开始指出,梅赜献出的《古文尚书》除了其中《今文尚书》所有的29篇外,其他的都是出于梅氏的伪作。明代梅鷟作《尚书考异》,清代阎若璩作《古文尚书疏证》,惠栋作《古文尚书考》,都考证梅氏《古文尚书》是伪书。

与此同时,也有不少学者力证梅氏《古文尚书》源于西汉的"孔壁本",而不是梅氏的伪作。

就这样,从宋代开始,直至今天,其真伪的问题一直困扰着学者,成为一个千古难断的学案。但是,无论《古文尚书》是真是伪,梅氏献出的《古文尚书》对中国文化产生了深远的影响,这是无可置疑的。

小知识◎清华园重现"真经"

2009年4月25日,清华大学在出土文献研究与保护中心成立仪式上宣布,经过几个月的清理保护、初步释读及研究工作,最终确定清华简(2008年7月清华大学收藏的一批战国竹简被称为清华简)共为2388枚(包括少数残片),年代测定为公元前305±30年,即相当于战国中期偏晚。在这批清华简中,发现多篇前所未见的《尚书》逸篇。据清华大学介绍,此次出现在竹简中的多篇《尚书》是真正的"古

文尚书",也就意味着这是自"秦始皇焚书"之后首次出现的真本《古文尚书》。但是,目前也有一些学者对清华简中的《尚书》是真本《古文尚书》的说法提出了质疑。

二 辉煌文明的缔造者

中国是世界文明的发源地之一,有着源远流长的文明史。中国灿烂的古老文明,是华夏先民集体智慧的结晶。在上古时代,一个个一心为民、德高望重的圣人贤臣为中华历史文明留下了浓墨重彩的画卷。他们的足迹和精神,虽然历经几千年的时代更替,仍然超越时空,受到人们的尊崇。

1. 万世景仰的禅让圣人
——尧、舜

世界各地的华人,都有一个共同的文化认同,那就是:我们都是炎黄子孙!

炎黄,指的是炎帝神农氏和黄帝有熊氏,是原始社会后期的两个部落首领。

相传,黄帝和炎帝两个部落原本居住在陕西,后来各自东迁。黄帝,本姓公孙,名轩辕,有熊氏。黄帝部落不断扩大势力,逐渐在晋南的黄河一带形成许多姬姓国。炎帝率领部落沿黄河南岸向东发展,形成姜姓国家。这两个部落为了争夺部落联盟首领,经常发生摩擦,终于有一次展开了阪泉之战,炎帝战败,并入黄帝族,两个部落融合,形成华夏族的前身。

后来,黄帝在涿鹿之战中又打败了东夷的九黎族首领蚩尤,势力不断扩大,华夏族先民也不断得到繁衍。尧、舜、禹以及之后夏、商、周帝王,都是黄帝的直系子孙。炎帝与黄帝都被尊为华夏民族的人文始祖。

从黄帝到尧帝

据有关文献记载，黄帝的妻子叫嫘祖，她生了两个儿子，一个叫玄嚣，一个叫昌意。昌意的儿子叫高阳，黄帝去世后，传位给高阳，即颛顼帝。颛顼死后，玄嚣的孙子高辛继位，称帝喾。

帝喾娶了两个妻子，一位生了挚，一位生了放勋。帝喾去世后，挚继位。但是挚是一个无能的人，于是让位给异母弟放勋。放勋就是帝尧。

史前民主时代的诞生

尧是《尚书》记载的第一位帝王，《尚书》首篇就是《尧典》。

为什么中国最早的史料《尚书》从尧开始？是尧时代的史料可信，还是中华的历史文明从尧时代才算是真正开始？从现在的文献来看，不得而知。但是，有一点可以肯定，自尧开始，一个史前民主时代诞生了。

尧，曾受封在唐，号陶唐氏，所以又称为唐尧。儒家将尧尊崇为圣人。圣人，就是品德最高尚、智慧最高超的人。

尧的时代，中国农耕文化出现快速的发展。尧在位期间，制定了历法，使劳动人民能够按节气从事生产活动，农业经济得到很大的提高。在政治上，尧考察百官的政绩，区分高下，奖善罚恶，使政务井然有序；同时，尧注意协调各个邦族间的关系，教育老百姓和睦相处。天下安宁，世风祥和。

从黄帝到尧之前，王位的传递是子承父位、弟承兄位的血缘继承制度，但是到了尧，一举突破血缘关系的王位递补，采用了民主推荐的制度，开创了史前的民主时代，不得不令人敬佩！

小知识◎华夏

出处：《尚书·武成》："华夏蛮貊，罔不率俾。"

服饰之美称为华，礼仪之大称为夏。"华夏"本义是指文明发达的中原地区，后来包括我国全部领土，成为中国和汉族的古称。

华夏族以炎黄二帝为人文始祖，汉朝以后，不断融合其他民族，统称为汉族。

◎三皇五帝

三皇五帝是中国在夏朝以前的"帝王"，实际上是部落首领或者部落联盟的领导者。三皇五帝指的是谁，一直存在多种说法。但是据文献记载，五帝时代距夏朝不远，三皇所处的年代早于五帝。比较有代表性的观点有两种：一是司马迁在《史记》中以黄帝、颛顼、帝喾、唐尧、虞舜为五帝；二是在孔安国《尚书序》、皇甫谧《帝王世纪》等书中，以伏羲氏、神农氏（炎帝）、轩辕氏（黄帝）为三皇，少昊、颛顼、高辛（帝喾）、唐（尧）、虞（舜）为五帝。

秦始皇为了表示他的地位无比崇高，采用三皇的"皇"、五帝的"帝"构成"皇帝"的称号，自称皇帝。此后，皇帝成为封建社会最高统治者的专称。

◎上古姓氏文化

　　姓氏，是姓和氏的合称，秦汉以前，两者是不同的。"姓"是由"女"和"生"组成，形象地说明最早的姓跟母亲有关。在原始社会的母系社会时期，子女归母亲一方，从母姓。父系社会时，人们才改从父姓。

　　"姓"是由所属的部族名称而来，是区分氏族的特定标志符号。"氏"是用来分别贵贱等级的，从君主所封的地、所赐的爵位、所任的官职，或者死后按照功绩追加的称号而来。所以贵族有姓、有名，也有氏，如黄帝姓姬，名轩辕，有熊氏。一般老百姓有姓、有名，但是没有氏。

　　姓氏是中国文明发展的产物，还可以用来禁通婚姻。同氏的男女可以通婚，同姓的男女禁婚，不同的姓可以互相通婚，有点接近我们今天的近亲禁婚。

开创禅让制的第一人

　　尧舜禅让的美德，经久流传，让后人赞叹不已。禅，指在祖宗面前大力推荐；让，指让出帝位。禅让，就是将帝位传给不同姓的有德有才的人。这种传位，需要在祖庙里的祖宗牌位前举行让位仪式，所以称为禅让。尧是正史记载通过民主议事、禅让王位的第一人。

　　尧帝在位70年后，年纪大了，开始选择继任者。尧帝主动请四方诸侯推荐帝位人选，诸侯们从习惯性的血脉继承的角度，推荐了尧帝的儿子丹朱。尧帝并没有唯亲是用，他认为丹朱粗野，德行不够，马上拒绝了。四方诸侯之一的驩（huān）兜推荐了共工，尧帝心里虽然不满意共工，但还是遵从民主推荐，让共工担任工师之职，以考验其才能。果然，共工的才能达不到要求。

尧帝认为自己的儿子不够格，马上拒绝；对非血脉的共工，虽然自己不满意，但还是听从民主意见，试用了一番，仅从这一点，足可以看出一位圣人"公天下"的胸怀！

后来，尧帝又召开部落联盟议事会议，讨论继承者的人选问题。大家又推举虞舜，说他是个德才兼备、很能干的人物。尧帝很满意，但决定先考察一番。

尧帝先是将自己的两个女儿娥皇、女英嫁给舜，从两个女儿那里考察他的德行，看舜能不能处理好家庭关系，结果舜完全有才能将家

华封三祝
"华"为中国古地名，今陕西华山地区，夏仲康的封地。"华封三祝"的故事出自《庄子·外篇》的《天地篇》，表现了古代华州人对上古贤者唐尧（尧帝）所致的三个美好祝愿，即多福、多寿、多男子，合称三祝

政处理安妥。

尧帝又派舜负责教导臣民。舜用"五典"——即父义、母慈、兄友、弟恭、子孝5种美德感化臣民，民风淳朴向善。再后来，尧帝让舜总管百官，处理政务。最后，尧帝让舜独自去山麓的森林中，经受大自然的考验。经过多次考察，舜完全符合做首领的才德要求，尧帝就将帝位禅让给舜。

贤孝圣王——舜

舜与尧一样，是一位在历史上享有"禅让圣人"美称的帝王。

舜姓姚，名重华，号有虞氏，史称虞舜。他德才兼备，为人正直，极有孝心。虽然舜也是黄帝的后裔，但生活在社会下层，小时候在历山从事农业耕种。

原始的农业生产
山西稷山马村出土的金代大舜耕田砖雕画。这幅雕画反映了在尧、舜时期的原始农业生产中已开始使用大象助人耕田

舜的父亲瞽叟,是个盲人,母亲很早去世。瞽叟再娶后妻,生了一个儿子,名叫象。舜的继母对舜颐指气使,从不把他看在眼中,弟弟象更加桀骜不驯。父亲瞽叟也是一个顽劣之人,对后妻言听计从,十分宠信小儿子象。这3人多次加害舜。

舜生活在这样的家庭里,仍然不失孝道,对弟弟也十分友善,多年如一日,终于以德和孝感化了他的家人,舜也因此以"孝"扬名在外。当尧选继承人时,舜得到四方诸侯的推荐。

舜摄政28年后,尧去世,舜才正式即位。尧的3年丧期结束之后,舜把帝位让给尧的儿子丹朱。但是丹朱无能,很不得人心,诸侯都不理丹朱,而去朝见舜。老百姓也不服从丹朱,舜觉得无法推卸自己的职责,重登帝位。

执政期间,舜励精图治,在政治上进行了一番重大的改革。一方面,将原已举用的禹、皋陶、契、弃、伯夷、夔、龙、垂、益等人,职责都明确化,使各司其职。另一方面,规定3年考察一次政绩,根据三次考察的结果决定提升或罢免。于是诸多官员都创立了辉煌的业绩,其中禹治服了洪水,成就最大。舜时,天下呈现出前所未有的清平局面,"天下明德,皆自虞舜始"。

舜在年老时,依照尧的做法,咨询四方部落领袖,确定威望最高的禹为继任者,并由禹来摄行政事。后来舜在南巡时,死于南方,葬于九嶷山(今湖南省宁远县东南)。舜死,禹正式成为部落联盟的首领。

小知识◎娥皇、女英的美丽传说

　　尧帝生了一对长得像天仙一般的女儿,大的叫娥皇,小的叫女英。这两个女儿在尧的调教下,品德双全,秀外慧中。尧帝晚年时,想把帝位传给舜,决定将两个宝贝女儿一并嫁给舜。一方面,尧认为舜是青年才俊;另一方面,尧想通过舜与两个女儿相处的关系,来考察舜处理家事的能力。

　　舜果然没有让尧失望,展现出他的齐家治国平天下的能力。3年考察期过后,尧就将帝位禅让给了舜。舜即位后,封娥皇为后,女英为妃。

傅抱石所作《湘夫人》
傅抱石作画擅长人物、山水题材,崇尚革新。他的人物画善于把水、墨、色融合为一体,线条纵逸挺秀,设色沉毅瑰丽,注重画面的品位和意境的追求。《湘夫人》得益于文徵明的绘画精神,描绘了湘夫人漫步泽畔的情景

舜晚年时，到南方去巡视，不幸死在苍梧之野，葬在九嶷山上。娥皇、女英听到噩耗，痛不欲生，不相信自己的丈夫就此离开她们了，便去南方寻找舜。她们来到湖南湘江边上，望着九嶷山，左等右盼，仍不见心爱的人回来，伤心的眼泪泉涌而出，她们的血泪，洒在旁边的竹子上。竹子上挂着娥皇、女英的斑斑泪痕，变成了"斑竹"。

泪流光了，娥皇、女英确信舜再也不会回来了，悲痛之下，跳入波涛滚滚的湘江，跟随舜帝而去！人们感叹这凄美的爱情，将舜称为湘君，将娥皇、女英称为湘妃（又称湘夫人），相信他们在另一世界续演着更美丽的爱情故事。人们为了纪念他们，将斑竹改名为湘妃竹，洞庭山改名为君山，并在山上为娥皇、女英筑墓安葬，造庙祭祀。

这一段凄婉动人的爱情传说，引起了历代文人骚客的感叹凭吊。屈原、李白、常建、刘禹锡等，纷纷挥笔抒怀，留下了许多千古佳作。唐代高骈也有诗云："虞帝南巡去不还，二妃幽怨云水间。当时血泪知多少？直到而今竹尚斑。"

◎大型乐舞《箫韶九成·凤凰来仪》

《尚书·尧典》记载，帝舜与百官作乐时说"箫韶九成，凤凰来仪"。"箫韶"即《韶》乐，是尧舜时代最著名的音乐。"九成"就是九奏、九章。

音乐是心灵语言，可以通过乐器传递作者和演奏者光明美好的情感，与天地精神相通，与百兽共鸣。在人心古朴的尧舜时代，当天籁之音《韶》乐响起来的时候，人与自然和

楚王子午的铜浴缶
盖内和器口有铭文说明这是楚庄王之子王子午的浴缶。缶起初是人们装物的器皿,后来演变为打击乐器

谐共频,"凤凰来仪,百兽率舞",共同组成了一场大型的意韵深长的乐舞。

夏、商、周三代时,都把《韶》乐作为国家大典用乐。姜太公辅佐周武王灭商,以首功被封营丘,建立齐国,《韶》也随之传入齐。春秋时期,孔子在齐国听了《韶》乐后,感叹道:"想不到《韶》乐的创作达到了这么高的水平。"孔子感觉《韶》乐像暖风一样熏醉了他,3个月竟不知肉的滋味,真是尽美尽善的音乐。

1995年,在山东临淄发现的齐国故城内古琴减字谱《箫韶九成·凤凰来仪》,正是舜时的遗音。后来,《箫韶九成·凤凰来仪》经过多次改编,既保持了原来的风格和韵味,又融入很多现代的音乐理念及表现手法。全曲分为祭祀、竽舞、射猎、凤舞、斗鸡、会盟、求雨、火神、巫师和庆典10段,都是当时人们典型的生活场景。并且,运用钟、磬、埙、笛、箫、排箫、古琴、筝、木鱼、鼓等中国古典乐器,充分再现了古代乐舞的欢庆之情。

2004年9月16日,首届国际齐文化旅游节在临淄举行。由《箫韶九成·凤凰来仪》改编而成的大型舞乐诗——《齐韶乐舞》在开幕式上隆重推出。乐声气势恢宏,有着浓厚的上古历史情韵。演员们身披五彩斑斓的服装,扮作鸟兽踏歌起舞。百兽欢跃、凤凰来朝,烘托出华夏先民古老而壮丽的生活画面。

2. 九州蓝图的绘画者
——禹

自古以来,"九州"被用做中国的别称。"茫茫禹迹,画为九州。"九州的划分,始于大禹治水的需要。

治水家族

禹,姓姒,名文命,颛顼之孙,在尧帝时被封为夏伯,故又称夏禹或伯禹。

禹的父亲鲧(gǔn),是尧时的一位治水大臣。

尧在位的时候,黄河流域发生了很大的水灾。在上古社会,洪水比猛兽要难征服得多,可怕得多。面对严重的水患,尧忧心如焚,召开民主议事会,讨论水灾一事。四岳诸侯一致推荐鲧去治水,尧对鲧不满意,说:"鲧这个人,上违背天命,下不容于同族,不能派他去。"但是大家还是推荐鲧。尧是一个很民主的人,只好让鲧担当治水之官。

鲧治水时，主要采取阻挡和填塞的方法去挡住滔天的洪水，可是洪水越堵越急，屡不奏效。鲧前后共花了9年时间治水，耗费了大量的人力物力，但是洪水却越来越泛滥，以失败告终。于是舜向尧建议，把鲧流放到羽山（今山东临沂境内）。后来，鲧在流放地死去。

虽然父亲失败，但儿子却因治水而功成名垂。与父亲的性情不同，禹聪明睿智，更加务实。舜即位时，特别欣赏禹，他命禹继承父业，治理水患。

堵塞与疏通

人往高处走，水往低处流。水性是向下的，如果强行硬堵，对付小水灾或许可以应一时之急，但不是长久之策。对于大洪灾，硬堵的办法根本行不通。就好像一个人受凉引起发热或者咳嗽了，这是因为寒气侵入身体，如果立即吃点热的发散的东西，比如生姜红糖水，出出汗，把寒气随着热汗发散出来，这是疏导的方法。如果一见发热或者咳嗽，一味吃退热药、止咳药，或者不发热了，不咳嗽了，就算没有感冒症状了，但寒气出来了吗？没有，还是被"堵"在身体里。这种情况次数多了，积压寒气越来越多，重复感冒的机会也越来越多。这就是"疏"与"堵"的区别。

禹治水时，接受了父亲失败的教训，按照水性向下的特点，以开渠疏导洪水作为主要治水方法。孟子说："禹之行水也，行其所无事也。"也就是说，禹用因势利导的办法，为泄洪找通道。

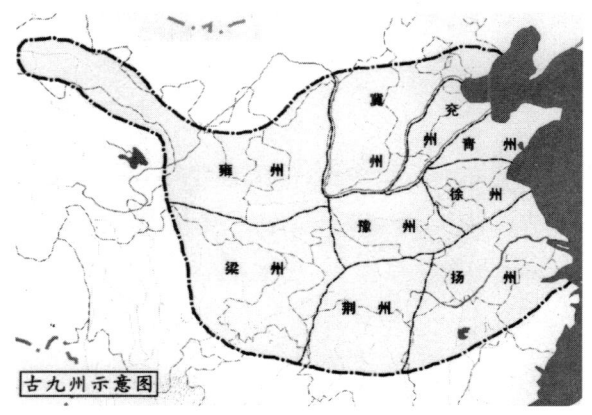

古九州示意图
九州的划分,源于大禹治水的需要,后又成为中国最早的行政区划

划分九州,因势利导

要在全国范围内系统地治水,仅仅开凿几条沟渠是远远不够的。禹很有远见,他决定走遍天下,把握水情地势,全面规划治水策略。

经过艰辛的实地勘察,禹根据山川方位、土壤性质等情况,把全国划分为9个区域,即九州。分别是冀州、兖州、青州、徐州、扬州、荆州、豫州、梁州、雍州。针对这九州不同的山势、河流特征,用从不同路线开渠排水、疏通河道的办法,成功地把洪水引到大海中去。

划分九州,虽然原本是为了治水需要,但禹在分九州时,详细记录了这九州的地理形势、物产分布、土壤特征、贡赋等级等情况,甚至包括朝觐贡赋的路线。所以九州也就成了中国最早的行政区划,这是禹的又一件巨大功绩。

无暇妻儿，忘我工作

禹作为人人皆知的治水英雄，最值得世人学习的，是他坚韧不拔的意志，以及舍小家顾大家的敬业精神。禹为治水"三过家门而不入"的故事很早就在民间流传开来，人人皆知。

《尚书·皋陶谟》引用禹自己的话说："予创若时，娶于涂山，辛壬癸甲，启呱呱而泣，予弗子，惟荒度土功。"大意是说，禹在辛日与妻子涂山氏大婚，新婚后3天，为了天下百姓，无暇顾及儿女私情，立即踏上治水的征程。10个月后，禹还在外面为治水大事而奔波，一直没有回去看望妻子，这时他的儿子夏启出生，禹也没有时间回家探望。

孟子说："禹八年于外，三过其门而不入。"《史记》也记载，禹"居外十三年，过家门不敢入"。禹在外是8年还是13年，对今天的我们，已经不再是关键点，重要的是他的精神足以让人们尊敬和学习。

禹因治水有功，在百姓中威信极高，人们尊称他为"大禹"。舜也十分欣赏禹，命禹代他处理国家事务，将他作为接班人来培养。舜年老时，将王位禅让给禹。

大禹的功绩，让后人追怀感激；大禹的精神，让世人奋发图强。所以，大禹治水的故事流芳百世，脍炙人口。

小知识◎满招损，谦受益

出自《尚书·大禹谟》。意思是说，自满的人会招来损害，谦虚的人会受到益处。这句话告诉人们骄傲自满有害、谦虚谨慎有益的道理。

◎中国第一个王朝——夏朝建立

禹在年老时，效法尧和舜的禅让，选择有才干的大臣皋陶作为继承人。皋陶和禹以前都是舜时期有声望的大臣，但皋陶年事已高，比禹还先离开人世。禹又另选了一位大臣伯益作为新继承人。

伯益与禹同为舜时的大臣，他当时担任虞官，掌管山泽，繁育鸟兽。舜命禹治水时，同时命伯益辅佐禹。在开垦荒地、种植水稻、凿挖水井等方面，伯益很有建树。禹治水有功，伯益功不可没。因此，禹很看重伯益，将帝位禅让给伯益。

《史记》记载，禹去世后，伯益即位。但是大臣们更喜欢禹的儿子启，都去朝见启。伯益看到这种情况，觉得自己坐王位没有意思，于是把王位让给了启，自己跑到箕山做一个逍遥自在的隐士去了。另有史书记载，禹死后，启与伯益争夺权位，在斗争中启获胜，杀死了伯益。

由于禹曾受封为夏伯，所以启登上天子之位后，用"夏"作为王朝的国号，建立了中国第一个奴隶制国家。夏启去世后，又把王位传给他的儿子。从启开始，用王位世袭制取代了尧舜禹时的禅让制，中国历史从此进入到"家天下"时代，直至清末。

3. 顺天应民的革命者
——商汤

"革命"一词,出自《周易·革卦·象传》:"天地革而四时成,汤武革命,顺乎天而应乎人。"意思是说,商汤以武力取代夏朝,是一次顺天意、民意的革命。这里的"革"即变革,命指天命,上天(帝)的意志。

在古代的神权政治观中,认为天子之位是受天命而来的,所以凡是朝代更替,君主易姓,就是对天命的变革,即革命。我们近代以来,革命的内涵又发生了变化,凡是自然界、社会界或思想界发展过程中产生的深刻质变,都可称为革命。

商汤革命,被称为中国政治史上的第一次革命。

商族的兴起

商汤,子姓,名履,商的开国君主,庙号太祖,为商太祖。汤原为夏朝商族部落领袖,在位30年,其中17年是夏王朝的属国商国首领,

13年为商朝帝王。古书中说"汤有七名",即汤、成汤、武汤、商汤、天乙、天乙汤、成唐等称呼。

商族兴起在黄河下游,相当于现在的河南、山东一带。商族的起源来自一个充满神话色彩的故事。《诗经·玄鸟》云:"天命玄鸟,降而生商。"在商丘这片肥沃的土地上,有一只"玄鸟"在天空中飞翔,它就是天的使者。一天,有个叫作简狄的女子,突然发现了"玄鸟"下的蛋,于是就把它吃了,吃后便怀孕了,生下一子叫作契——商族的始祖。这就是"玄鸟生商"的美丽故事。所以,商族人对"玄鸟"顶礼膜拜,并把它作为氏族的图腾。

从始祖契到汤,为了扩大势力,发展农业和畜牧业,商族先后多次迁居,实力不断增强。到了主癸即位时,商族在夏朝的属国中,已经是一个大诸侯国了。主癸死后,他的儿子汤继位,定居于亳(今河

玉凤

商王朝的祖先称其是玄鸟的后裔,故有"天命玄鸟,降而生商"之传说,玄鸟应是凤凰。在商代诸多的玄鸟造型中,最能吸引人的眼球、令人称绝的当属1976年河南安阳"妇好墓"出土的一件玉凤。其为商代凤形饰物,说明"凤"作为一种原始艺术形象在当时已具雏形

南商丘北面)。

商汤执政期间,不断积蓄粮草、扩充兵力;又广招贤才,任用历史上赫赫有名的贤臣伊尹和仲虺(huǐ)为左右相。商汤以德修国,使国家越来越强大,不仅得到了国内百姓的支持,而且也让夏朝和其他诸侯国的人们对商国十分向往。

夏朝的衰落

夏朝后期,孔甲继位为夏王,他根本不理朝政,一味打猎玩乐,还特别迷信鬼神,"好方鬼神,事淫乱"(《史记》)。老百姓对统治阶级怨恨多多,各诸侯阳奉阴违,趁夏朝国力越来越衰弱,都暗暗发展自己的势力。

夏朝末年,桀继位。这时候夏朝的社会矛盾更加尖锐,但是桀不思进取,反而更加暴虐无道,荒淫无耻。大约在公元前17世纪,夏桀发动大军,攻打今山东省蒙阴县境内的有施部落。在行将灭亡之际,有施部落酋长为了求和,把一个叫作妹喜的女子献给了夏桀。妹喜美若天仙,夏桀将她纳为王妃,宠爱有加。后人把妹喜、妲己、褒姒、骊姬并称为中国古代"四大妖姬",附加了许多传说,甚至将妹喜看作是中国红颜祸水第一人,但这些目前并不能从正史上得到证实。

不过,夏桀为了美人和自己的享受,不惜向百姓收取大量的苛捐杂税,建造了许多

夏桀
这是史书上的首位昏君、暴君,画像石上的夏桀暴戾恣睢,时常将人当作坐骑。他荒淫无度,人民怨声载道,痛恨诅咒,宁愿与夏桀同归于尽。夏桀还是不知收敛,终于亡国

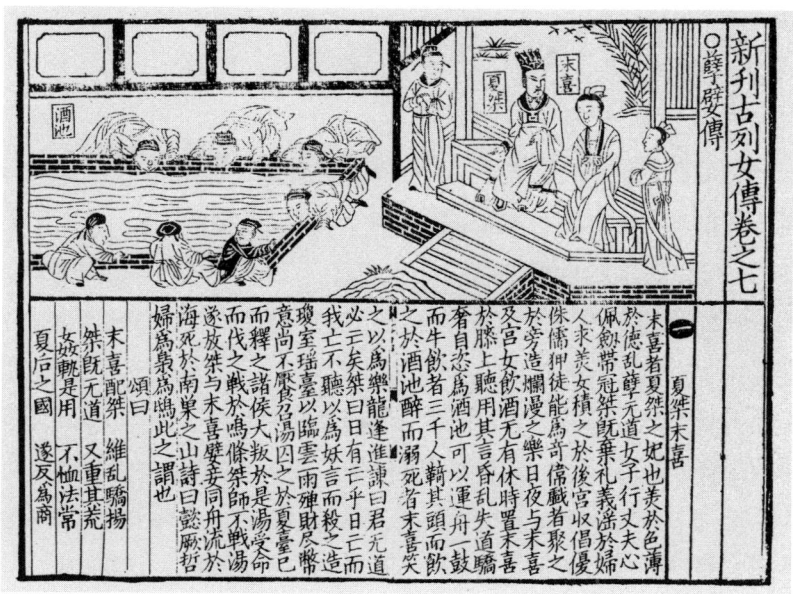

夏桀与妹喜

夏桀与妹喜（有施氏，又名末喜，末嬉）在台上看众人喝酒。酒池大得足以容纳一艘船，3000人俯身喝酒，直到醉倒在酒池中溺毙。妹喜笑而以之为乐

豪华宫殿，以及酒池瑶台，激起了人民的怨愤。"赋敛无度，万民甚苦。"老百姓不堪赋税的压迫，生活在水深火热之中。

大臣劝谏夏桀行为收敛些，夏桀却十分自负地说："我有天命赋给我的天下，我就好比天上的太阳，天上可能没有太阳吗？"夏桀不但不改过，反而变本加厉，引起老百姓的诅咒，他们说："这个太阳什么时候才会灭亡，我们宁愿跟你同归于尽。"但夏桀仍然不加理会，还准备发动讨伐其他部落的战争。而这时候，夏桀的威望尽失，多数部落对夏桀也是离心离德，这就给商汤灭夏创造了有利的时机。

二　辉煌文明的缔造者

剪桀羽翼

面对民心积怨的夏王朝，商汤停止向夏桀交纳贡赋。但此时的夏桀还是存有一些实力的，他立刻调动东方9个诸侯国的军队，准备伐商。商汤见此情形，又"谢罪请服，复入职贡"，重新纳贡，以稳住夏桀，等待时机。为了扫除灭夏的障碍，商汤决定先出兵征讨夏王朝的羽翼国。

由于商族部落的强大，夏朝曾授予商族"得专征伐"的大权，也就是说商要征伐哪个诸侯国，可以不通过夏王的批准就有权出兵。为了削弱夏王朝的势力，商汤开始剪除夏王朝的同盟诸侯国。

葛国（今河南宁陵北）是商的邻居，它是夏桀监视东方诸侯国的一个耳目，葛国的首领葛伯也是个与夏桀一样无德的人。夏代时，祭祀天地鬼神是国家大事，意义十分重大，但是葛伯却成天沉湎于享乐之中，连祭祀都不愿去做了，民心也已经远离他了。于是商汤以此为契机，一举灭葛。随后，又先后灭掉忠诚于夏王朝的韦国（今河南滑县东南）、顾国（今河南范县东南）、昆吾国（今河南许昌东部）等国。

商汤前后共经过11次战争，无敌于天下，使得夏王朝空前地孤立。由于夏王朝的羽翼国都是一些丧失民心与道德的诸侯国，商汤在人民的呼声中，声望越来越高，不少诸侯见此情形，纷纷拥护商汤。与此同时，夏桀却是诛杀重臣，对诸侯国的指挥完全失灵。商汤见时机成熟，再次停止向夏桀交纳贡赋。

鸣条之战

有缗氏对夏桀的公开反抗，点燃了老百姓对夏王朝的怒火。大约在公元前 1600 年，商汤正式兴兵伐夏。兴兵前，汤隆重地举行了誓师大会，先是一一列举夏桀破坏生产、残酷盘剥压迫民众的罪行，然后说："我不是进行叛乱，实在是夏桀作恶多端，上帝的意旨要我消灭他，我不敢不听从天命啊！"申明自己是秉承天意征伐夏桀，目的是拯救民众于水火之中。最后，商汤宣布了严格的战场纪律，有功受奖赏，不服从就要受惩罚。这番誓师，极大地振奋了士气。这就是旷世豪言《尚书·汤誓》。

誓师后，商汤联合各方国的军队，突袭夏都。夏桀并没有对商汤的进攻做好应战工作，看到商汤军队进来，只好仓皇出逃。商汤率军追击，同夏军在鸣条（今河南封丘东）一带展开了决战。后来夏军溃败，桀逃奔到南巢（今安徽巢湖附近），不久病死。汤班师回亳，召开了众多诸侯参加的"景亳之命"大会，被推为天子，建立商朝。

宽以治民

商汤建国后，鉴于夏朝灭亡的教训，又作《汤诰》，要求其臣属"有功于民，勤力乃事"，不要滥用民力，要让百姓休养生息；每位大臣都要勤奋耕作，以百姓安居乐业为自己的职责，否则就要受到严厉的惩罚。

商汤不仅对自己的国民减轻征敛，鼓励生产，而且对那些亡了国的夏民，仍然保留夏朝的社稷祭祀即"夏社"，对夏王朝的后人，分封土地给他们，安抚民心。

商汤顺应民心的政举，得到了天下人的归从，政局稳定，国力也日益强盛，影响扩大到黄河上游，氐、羌部落都自愿归顺纳贡。

商汤得天下是顺民心，治天下是重民生。"民"始终是汤所强调的，这种治国理念至今仍闪烁着智慧的光芒。

小知识◎网开三面

商汤以"仁德"著名。有一天,商汤到野外去,看到有人把网四面张开,围起来捕捉鸟兽,并且口中不停祝祷说:"从天下四面八方来的鸟兽,都统统进入我的网中!"看到这,商汤感叹说:"哎,这也太过分了,哪能把鸟兽都捕完呢?"于是,商汤撤去网的三面,并祝祷说:"想往左跑的,就往左飞;想往右跑的,就往右飞;不要命的,就进我的网中来。"诸侯们听说这件事后,都说:"商汤的恩德已

商汤之仁
商朝创建者汤在乡间漫步,劝说捕鸟人将鸟放生。商汤以仁德治国,成为历代传颂的明君典范

经到极点了,甚至施到了禽兽身上。"于是,纷纷归顺商汤,商族的势力也就日益壮大。

现在,"网开三面",亦作"网开一面",比喻从宽处理,给犯罪者一条弃旧图新的出路。

◎妲己与纣王之罪

商纣王,名帝辛,商朝的末代帝王,商王帝乙的第三子。由于帝辛是嫡子,所以继承了王位。"纣王"是周武王后来给他起的谥号,"纣"即"残义损善"的意思。在中国文化中,商纣王是一个荒淫残暴的昏君形象。说起他的罪行,人们总是与另一个人联系起来,这个人就是被视为一代"妖姬"的妲己。

据《国语》记载,妲己,原本是有苏氏部落的人,商纣王曾经征伐有苏氏,有苏氏败,便把大美女妲己献给纣王,妲己事实上就是商纣王的"战利品"。

在小说和电影、电视剧中,妲己是红颜祸水,犯的罪行令人发指,所以后世传说她是狐狸精附体。这种传说,并不是完全没有根据,有苏氏部落以九尾狐作为图腾,九尾狐对有苏氏来说,就是保护神。

在周武王征讨商纣王的檄文《牧誓》中,周武王历数了商纣王之罪,概括起来,有下面三大主要罪状:

第一条大罪就是妲己干政,商纣王又偏偏只听信妲己的话。原话是这样说的:"古人有言曰:'牝鸡无晨;牝鸡之晨,惟家之索。'今商王受惟妇言是用。"意思是说,古人说过:

母鸡在早晨不打鸣；如果谁家母鸡早晨打鸣，这个家就要衰落了。现在商纣王只是听信妇人的话。妇人指的就是妲己。古时候，女性一般不能参与政治，所以周武王把妲己干涉政治比喻为母鸡在早晨打鸣。

二是商纣王不祭祖宗和上天。"国之大事，惟祀与戎"，一个国家，最大的两件事就是祭祀和战争。商代时，好信鬼神，祖宗和上天神圣不可亵渎，祭祀是国家最重要的大事。商纣王轻慢祖宗和上天，在当时，确实是一条不可原谅的罪行。

三是纣王拒贤人，任恶人。商纣王不任用同宗的长辈和兄弟，却提拔、任用从四面八方逃亡而来的罪犯，让他们当上大夫、卿士，这帮恶人残暴虐待老百姓，在商国都城胡作非为。

《尚书》中只是指出商纣王对妲己言听计从，并没有具体指出妲己如何干政和进谗言。

后世的小说或传说，认为纣王和妲己一起发明了重刑炮格，即炮烙。据《史记》记载，商纣王喜欢重刑，有炮烙之法，专门对付有反抗怨恨之心的老百姓和诸侯，但并没有说炮烙之刑是妲己与纣王一起发明的。

另一个与妲己有关的商纣王之罪，就是在酒池肉林中大肆淫乐。在酒池肉林这一条罪行中，妲己是主要参与者，是参与建酒池肉林，还是仅仅是淫乐者，也无从可知。

此外，关于杀忠良比干并剖心一事，小说和电视剧中都有。《史记》载，比干强谏纣王，希望他改过自新，比干说："我要继续劝谏帝王。如果我不劝谏，说明我不忠。"终于惹得纣王大怒，把比干的心挖出来，看看他的"忠心"。

《列女传》记载的却与《史记》不同,"吾闻圣人之心有七窍",《史记》载是纣王所说,而《列女传》记载的是妲己所说。

记载最多而无异议的莫过于妲己干政了。除《尚书》将妲己干政、扰乱政纲,商纣王偏信妲己列为商纣王首罪之外,其他文献如《史记》和《列女传》也多有记载。

《吕氏春秋》更是说,纣王沉湎于酒,以至不理朝政,全由妲己主政。不过,至于史实是不是如《吕氏春秋》所说,目前似乎还找不到有力的证据。但是,这种说法却很受小说和电视剧的欢迎,如香港版的《封神榜》和日本漫画《封神演义》都采用了这种说法。

4. 中国第一贤相
——伊尹

中国历史上,出现过无数贤德宰相,有明确记载的第一位贤相就是人们号称"商元圣"的伊尹。他也是后世宰相的楷模。

由烹饪到治国

伊尹,姓伊,名阿衡,一说名挚,尹为官名。相传出生在伊水边,故以伊为姓。

伊尹原是夏朝贵族有莘氏(今河南洛阳市嵩县)管理膳食的小官,厨艺十分精湛,被后人奉为"厨祖""厨圣""烹调之圣"。在一些文献中,记载了伊尹的烹饪理论与实践。后人常以"伊尹"来比喻技艺高超的厨师,如当今有个传统饮食文化网站叫"中国伊尹网",就是以"伊尹"命名的。

伊尹虽然地位卑微,但他志向远大,心系天下苍生。当时夏桀残暴无德,民怨沸腾,伊尹见此忧心如焚,很想为百姓干出一番大事。

可是有莘氏与夏朝同姓，也是夏朝贵族，不可能反夏。

很快，伊尹发现商汤是个仁善有德的人，于是想辅佐他成就一番事业。正当伊尹苦于没有门路投奔商汤时，机会来了：有莘氏与商汤联姻。夏商时贵族家的出嫁女都随身带有许多臣仆，这些陪嫁男女臣仆通称为"媵（yìng）臣"。伊尹主动向有莘氏要求，作为媵臣陪嫁到商汤家。

伊尹来到商汤家后，一天，"负鼎俎，以滋味说汤，致于王道"。背着饭锅砧板来见商汤，以烹调滋味为比喻，分析天下大势，向商汤进言治国之道，劝说他实行王道。商汤一听，才知道伊尹有经天纬地的才能，便破格任命伊尹为右相，共商灭夏之计。

在伊尹和其他大臣的辅佐下，商汤打败了夏桀。夺取了政权之后，商汤本想绝夏王朝的香火，把他们的祭祀之地迁走，但被伊尹劝阻住了。伊尹说，"以民为子，实行善政"。商汤接受伊尹"行善政"的建议，保留了夏朝的社稷。

一个有仁有义的君王，人人都会向往。商汤的仁政，更加赢得了天下诸侯的归心。伊尹特地为此作了一篇《咸有一德》，赞美商汤爱民如子的美德，并劝告商汤继续行仁政。商汤践行了伊尹的治国理念，建立了商朝500多年的基业。

规劝帝王的楷模

商汤去世后，伊尹又继续辅佐了卜丙（即外丙）、中壬二位君王。这时候虽然是商朝建立之初，局势比较复杂，但是在伊尹的尽心辅佐下，人民安居，天下稳定。时过不久，中壬也去世，商汤的孙子太甲即位。

太甲继承了王位后，伊尹教给太甲如何学习商汤做一个仁德明君。

最初，太甲还听得进去伊尹的规劝，但时间一长，太甲开始贪图安逸，尽情享受，不遵守商汤制定的法规制度，胡作非为。伊尹耐心地相劝，但是太甲根本听不进去。

为避免商王朝的基业被太甲毁掉，伊尹决定把他送到商汤陵墓附近的桐宫去住，闭门反省，伊尹自己摄行国家政事。这时候的伊尹重权在握，如果他有私心的话，想取代太甲，自己称王，也是一件容易的事。但是，伊尹流放太甲并不是为了取代成汤的后代，而是为了天下能得到善政的治理。所以宋代大文豪苏东坡盛赞伊尹是"辨天下之事者，有天下之节者"。

太甲住在桐宫，伊尹不忘时常规劝他，分别作了《伊训》《肆命》《徂后》等训告之词，讲述如何行善政的道理，太甲开始反省自责，诚心向善。

3年后，伊尹得知太甲已经知错改过，亲自到桐宫把太甲迎接回商都，并把政权交还给他。太甲看到伊尹在代他摄政期间，把国家治理得井井有条，很受感动。从此，太甲听从伊尹的规劝，体察民情，勤政修德，使商朝经济更加繁荣，国泰民安。伊尹见此，又作了《太甲》3篇，称赞太甲施行的德政，进一步勉励太甲修德、修身。

伊尹对太甲的辅政教导，用当代的教育史家毛礼锐的话说，伊尹"在帝王教育方面堪称典范"。

后来太甲去世了，他的儿子沃丁即位。沃丁在位期间，伊尹去世，沃丁以天子的规格把伊尹埋葬在亳地。

作为开国的元勋，五朝元老，伊尹位高权重，但他能以忠心对帝王，公心为百姓，使诸侯服其忠，百姓乐其仁，帝王依其智，自己还能享其寿，这在中国历史上是很少见的。

小知识◎王道

　　即圣王之道。儒家认为,圣人成了君王,其统治即是王道。"王道"常与"霸道"相对称,是说君王以仁义治天下,以德政安抚臣民的统治方法。

5. 开创殷商之基的明君
——盘庚

每一个带领人们建立新家园的领袖，都有不同平凡的魄力，尤其是要打破旧秩序，建立新规则的改革者。殷商王朝的中兴者盘庚，就是这样一个极具征服力的人。

盘庚，名旬，商汤第十代孙。他继位时，都城在奄（今山东省曲阜市）。当时，政治上十分黑暗，贵族们生活豪华奢侈，极其腐败，再加上水灾频繁，使得商王朝内忧外患，统治面临着严重的危机。面对这种局面，盘庚决定带领民众寻找新家园——迁都。

对商朝来说，迁都是司空见惯的事。从商汤到盘庚之间，已经迁都4次。算上盘庚迁都，就是第5次了。但是，盘庚这一次迁都意义重大，非前几次可比拟，在历史上是一大壮举。自从盘庚将都城迁到殷（今河南安阳）之后，扭转了商朝走向衰落的命运，开始走向中兴，所以后人又将商称作"殷商"。

盘庚之前，迁都的原因主要有两个方面：一是王族内部经常争夺王位，发生内乱；二是水灾频繁，不得不迁都。盘庚这次决定迁都，

河南安阳，殷墟原址上复原的商代宫殿

虽然也有受到水灾的原因，但最主要的是要抑制贵族的腐败，改变穷奢极欲的恶习，建立新的国家秩序。

经过考察，盘庚认为殷地土肥水美，天灾也比较少，适合发展农业，就将都城定在殷。

义无反顾，力主迁都

凡是改革，都会遭到既得利益集团的反对。当盘庚宣布迁都后，一些贵族害怕到新都去会削弱自己的实力，另一些贵族不愿意放弃当前安逸的生活，纷纷极力反对迁都，盘庚遇到了很大的阻力。

更让盘庚头痛的是，不仅贵族们反对，有些平民也不乐意搬迁。奄地是盘庚的曾祖父祖乙就到这里定都的，平民们对这里日久生情，心里舍不得离开。那些有势力的贵族见此，便煽动平民一起来反对。

为了商王朝的复兴，盘庚面对强大的反对势力，毫不妥协，坚决迁都。一方面，他下令制造船只，做好渡河搬迁的准备，向公众传递了务必迁殷的决心。另一方面，盘庚召开了迁都动员会。

　　盘庚知道，扫除贵族的思想障碍才是关键。于是，他把反对迁都的贵族集合到一起，说：

　　"我要你们搬迁，是为了让你们拥有更长久稳定的统治，让我们的百姓能够安居乐业，让我们的国家更加强大。现如今许多王公贵族整天只知道吃喝玩乐，对百姓则视如粪土，老百姓都快要生活不下去了。长此以往，他们是必定要造反的呀！"

　　贵族听了，反对情绪有所缓和。这时，盘庚又晓之以理，说："大家都知道，殷这个地方不但土地肥沃，有利于发展农业，而且地理位置非常重要，可以更好地控制四方诸侯和方国。迁都到这个地方后，老百姓不就可以安居乐业了吗？"

　　经过动员以后，人们终于同意迁都。就这样，马萧萧，车辚辚，盘庚率众西渡黄河，来到了安阳，史称"盘庚迁殷"。

刚柔并济，平息骚乱

　　盘庚一行迁到安阳不久，又出现了新问题。贵族来到这个新地方，什么都得从头开始，不能像在旧都城里那样花天酒地，便开始谋划着搬回到旧都去。恰好一些平民也对这个新都的生活很不习惯，这些贵族旧伎重演，煽动大家搬回旧都。盘庚见此，非常气恼，但免不了又一次苦心相劝，安抚人心。

　　盘庚再一次把反对的贵族都召集到王宫里，委婉地批评说："现在我要你们迁都是为你们的将来着想，你们不但不领情，反对迁都，还到处散布邪恶浮夸的言论，煽动百姓们来反对我。别以为这些事我不知道，我可看得一清二楚，所以我要告诫你们。"

贵族一听盘庚的话，都不敢出声。这时盘庚放缓语气，循循善诱，希望他们为百姓着想，不应该煽动迁回旧都。如果他们把事情办好了，记功犒赏，并加重用。

盘庚深知，仅仅以名利相诱和简单批评还是不够的，必须刚柔并济才有效。他又警告贵族说："一般的小民，他们还顾及我所劝诫的话，担心说出错误的话。你们身为贵族，反而不听，还到处妖言惑众，我可是掌握着你们的生杀之权的！如果再不把我的善言向百姓宣布，到时别怪我无情！"

一番软硬兼施的训告，盘庚终于把贵族们征服了。接下来的事情就是告诫反对的平民了。

这次与对贵族温而不怒的态度不同，盘庚口气相当强硬坚决，他说："现在我告诉你们，迁都的计划不会再改变！……如果你们行为不善，不走正道，敢于违法越轨，欺诈奸邪，我就动用刑罚把你们灭绝，连子孙都不留下，不让你们的后代在新国都里继续繁衍。"如果搬回旧都，就要受到断子绝孙的严惩，平民们都害怕了，不敢再叛逆。

开创殷商新天地

盘庚在新都安定下来不久，开始大力整顿政纲。他选定了王宫和宗庙的方位，再次向群臣训话，要求他们努力完成重建家园的大业。

盘庚迁都的主要原因，是要抑制腐败。所以，盘庚又颁布他的施政方针，决定对官员进行考察，凡是贪婪聚财的人，坚决不用。为了表达他反腐的决心，他反复强调，官员要廉洁从政，体恤民情，不要聚敛财富，要为民谋生立功，施恩于民，永远与民众同心同德。

经过盘庚的改革整顿，商王朝摆脱了政治上的困境，经济和文化都有了比较迅速的发展，开始走上振兴之路，为"武丁中兴"打下了基础。

盘庚迁都后，在商代后期的270多年间，商朝一直没有再迁都。

小知识◎中国酒文化与最早的禁酒令

中国有着悠久的酒文化，留下了一串串美好的历史记忆。自古美酒配佳人，既缠绵又浪漫。李白举酒当歌，超脱旷达，诗情横溢；陶渊明醉卧田园，真名士不枉风流；宋太祖杯酒释兵权，化干戈为玉帛。从古到今，酒具有特别的诱惑力，在人们的生活中扮演着重要的角色。

但是，酒像一个多变的精灵，既是天使，又是魔鬼。它可以促进健康，也可以摧毁健康；它可以让人快乐似神仙，也可以使人跌进痛苦的深渊；它可以成事，也可以败事。酒的多变角色，使得适时适度的饮酒显得十分必要。正因为此，在中国历史上，一直存在着倡酒和禁酒并存的酒文化。

最典型的既倡酒又禁酒的知名历史人物，要数曹操了。曹操在他的《短歌行》中歌咏道："对酒当歌，人生几何？譬如朝露，去日苦多。慨当以慷，忧思难忘；何以解忧？唯有杜康。""杜康"是酒的代名词。作为诗人，曹操是爱酒的，但是他同时是一位政治家，他在治理国家时，深感酗酒误国的危害。为了防止饮酒过度，建安十二年（207年），曹操颁布了禁酒令。

第一位有文字记载禁酒的是夏禹。据《战国策》记载，禹的妻子命仪狄去酿酒，仪狄把酒酿出来，味道非常好，于是献给禹品尝。禹喝了后，感觉确实很好喝，但是，他有一种不安的感觉，说："后世必有以酒亡其国者！"所以，禹不但没有奖励造酒有功的仪狄，反而从此疏远了他。

禹的担忧成了现实。夏末，饮酒的风气十分盛行。夏桀耗民力造瑶台，每日沉湎于酒，尽享靡靡之乐，最终误己亡国。

现在出土的酒器中，商代的数量多、种类繁，说明商代贵族酗酒成风。尤其到了商末，纣王荒淫无度，居然命手下造了酒池，又命人将烤好的肉悬挂起来，建成肉林。酒池像一个湖泊一样大，可以在里面游船玩耍。酿酒后的酒糟堆成了小山丘，不难想象商纣王每日要饮多少酒。据说商纣王可以连续七天七夜不停饮酒。

周朝建立之初，商朝遗留下的酗酒之风仍然盛行，甚至有人聚众狂饮，轻的疯疯癫癫，重的杀人放火，严重影响了社会的秩序。

周成王时，周公眼看愈演愈烈的酒风，汲取了商纣王酗酒误国的教训，下定决心要肃清恶习，扭转民风。于是，发布了我国最早的禁酒令——《尚书·酒诰》。

在《酒诰》中，周公将商初戒酒兴国和商末酗酒亡国的历史作了比较，得出结论：酗酒是大乱、失德、亡国的根源，所以要限酒。随之，他宣布了限制饮酒的规定：

一是诸侯国君、王室近臣和同姓子孙不准经常饮酒。只有在举行祭祀或父母喜庆的日子，或与老年人、君主相聚时

二 辉煌文明的缔造者

商代酒器：夔凤文卣
商代青铜器上的装饰纹样虽然也有直接取材于现实的动物的，但是多流行饕餮、夔龙、夔凤等幻想的神话动物装饰。夔龙、夔凤都是侧面形象，大多只表现一只脚，所以冠之以"夔"字。夔凤文卣是商代的酒器。文卣的盖子表面装饰着饕餮纹，圈足则装饰着鸟纹，这是商代流行的装饰样式

才可饮酒。二是不得醉酒。饮酒要有节制，讲酒德，不能失去仪态。三是周族人不论年龄大小，一概要戒酒行德。如果聚众饮酒，实行最严厉的处罚——杀。对于殷商遗民和归附的商代诸臣百官，先教育，如果屡教不改，照样要杀头。四是人人都要爱惜粮食，努力生产。

出台了这部严厉的禁酒令之后，西周的酗酒风气有所收敛，老百姓省下了很多粮食，生活有了改善，社会也安定了许多。

6. 从奴隶到贤臣
——傅说

在开创"武丁中兴"的历史盛世中,有一个人功不可没,这个人就是商代第二大名臣——傅说(yuè)。他的一生,极富传奇色彩。

奴隶与建筑家

去过河南王相岩的人都会看到,有一个手上拿着工具,脚上套着铁链站在道路边的长者塑像,这就是傅说像。

也许人们会产生疑问,傅说是历史名臣,身份显赫,被后人尊为圣人,为什么他的脚上套着铁链?之所以要塑造成这样的形象,正是为了说明傅说的出身。"脚套铁链"说明傅说原本是一名没有自由的奴隶,而且做的是筑路的苦工,所以手上拿着工具站在道路边。

殷商时期,虞、虢两个邦国交界处,有一个叫做傅岩的交通要道。傅岩,又称作傅险,在今山西省平陆县以东的圣人涧。在那时,傅岩山势险峻,河流湍急,洪水泛滥,经常冲毁道路。为了保持道路畅通,

王相岩陡峭的天梯

相传商王武丁和奴隶出身的宰相傅说都曾在王相岩居住过,这个地方也因此得名"王相岩"。傅说是我国殷商时期卓越的政治家、军事家、思想家及建筑学家,他辅佐殷商高宗武丁安邦治国,形成了历史上"武丁中兴"的辉煌盛世

奴隶主便派了许多奴隶在这里做苦役，用土石来阻拦洪水。其中有一个奴隶非常聪明能干，名字叫作说。

在后人眼中，傅说很有治国才干，是一名政治家，殊不知傅说首先是一位发明家。

《孟子》说："傅说举于版筑之间。"版筑，就是筑土墙。筑墙时，用两块木板（版）相夹，两板之间的宽度等于墙的厚度，板外用木柱支撑住，然后在两板之间填满泥土，用杵筑紧，然后再拆去木板木柱，就成了一堵墙，这就是版筑技术。

与其他奴隶一样，傅说在傅岩长期从事用土石阻挡洪水的苦工，但是将土石简单地堆积在一起，很快就被洪水冲垮了。于是，傅说发明了版筑技术，用来筑路堤，既提高了效率，又坚不可摧。

自从版筑技术发明后，人们就用这个技术来建房。在我国，砖是在战国时期发明的，但是在秦汉以前，砖是用来砌筑墓室和铺地面的，不用于造房。秦汉以后，虽然也用砖来造房，但应用范围有限，一般平民百姓建房时，用的还是版筑技术。直到今天，有的地区仍使用这种办法筑墙。

可见，版筑技术的发明，是我国建筑科学史上的巨大成就。就算傅说一直身为奴隶，版筑技术的发明，也足以让他名扬天下。

帝王的梦中人

说来让人不可思议，从地位低贱的奴隶到声名显赫的贤相，傅说这种身份的戏剧性大转变，竟源自帝王的一个梦。

做这个梦的人是商代名君武丁。武丁，姓子名昭，是商朝第23位国王。商王小乙的儿子，盘庚的侄子。武丁是庙号，商末又追谥庙号为"高宗"。

　　武丁从小就被父王送到民间去体验生活,所以深知百姓疾苦。小乙去世以后,武丁即位,服丧的3年中,他将政事交给大臣们处理,自己从不发一言。武丁沉默的目的,就是为了暗暗观察国家的政治风气和可用的人才。武丁是一位很有抱负的贤君,一心想振兴商朝,希望得到像伊尹一样的贤臣。但是,通过观察,武丁发现身边的大臣多数是平庸之辈,心中更加求贤若渴。

　　皇天不负有心人。一天,"武丁夜梦得圣人,名曰说"。武丁日思夜想得到良相来辅佐自己,果然一个晚上,梦到一个叫说的人与他讨论国家大事,此人就是他梦寐以求的良相。

　　武丁醒来后十分高兴,立即召来文武百官,一一细看,没一个长得像他在梦中得到的人。武丁不甘心,便将梦中所见的形象画出来,派郑达等大臣照着图像去民间各处寻访。官员们历尽千辛万苦,终于得知在傅岩有个叫作说的人,于是把他带到武丁面前。武丁一见,大喜:正是梦中人!

　　武丁马上与他谈论起国家大事来。交谈中,武丁见说言语恳切,见解深刻,果然是位德智双全的圣人,心中更加高兴。于是封他为宰相,辅佐自己振兴商朝的千秋功业。

　　因说原居住在傅岩,武丁又将"傅"赐给他作姓,傅说也因此成为今天海内外傅氏宗亲的鼻祖。

　　武丁果真是在梦中得到良臣吗?世上竟有如此奇事?《尚书》里没说,其他史书也没记载,我们也不得而知。但这奇事却引发了后人的种种推测。

　　明朝的杨慎认为,《尚书》记载武丁梦到贤臣傅说,这是为了强调武丁德行高尚,以至于感动了上天,神灵才给他托梦的。也有人认为,武丁小时候被父王送到民间体验百姓生活，那时他已经认识了傅说，知道了他的才干，心里早就想举用傅说了。但是由于傅说出身低贱，武丁担心大臣们反对，所以利用商朝人迷信鬼神的敬畏心理，假称是梦中所得的良臣，也就是上天所赐的人，大臣们就不敢反对了。

"武丁梦傅说"的故事，被后人传为美谈，傅说因此被称为"梦父"。武丁唯贤是用，博得后世的广泛赞扬。历代许多志士仁人，心系国家，却怀才不遇，他们是多么希望能够得到伯乐的赏识，能够有机会为国效力。

爱国诗人屈原在《离骚》中写道："说操筑于傅岩兮，武丁用而不疑。"虽然傅说身为奴隶，但是武丁不拘一格用人才，用而不疑。屈原和傅说一样胸怀大志，可惜他没有傅说幸运，虽然对楚王很忠心，但屡遭排挤，后来被流放。报国无门的屈原，在绝望和悲愤之下，最后投汨罗江而死。

《说命》三篇谏君

傅说为相后，尽心尽力地辅佐武丁变革政治，使殷商的政治、经济、文化出现了空前鼎盛的局面，开创了"武丁中兴"的盛世。《尚书》里记载了傅说对武丁治国的谏言，即《说命》上、中、下三篇。

从《说命》里，可以看得出傅说在武丁心中的地位是很高的。武丁说："傅说你早晚都要赐教于我，帮助我。如果说我是铜器，你就是砺铜的磨刀石，可以使铜器变得锋利。如果我要渡大河，你就是大船和桨，可以把我送过河。如果年岁大旱，你就是霖雨，可以浇灌我的心田，不至于干涸。"

傅说的治国理念，即使从现代的眼光来看，也可以说是适用的。

傅说认为，要国泰民安，对君王来说，一是不要轻易发号施令，否则老百姓就无所适从；二是不能随便用军队，否则容易引起战祸；三是赏罚要严明，官服放在箱子里，不可轻易赏赐人，同时要看看被赏赐的官吏是否称职，是否受到老百姓的拥戴；四是兵器藏在府库中，不可轻易授予人，必须深切洞察被任命的将帅能否胜任。

一个君王如果能从以上4个方面有所戒备的话，就能够使政治清明，社会安定。

傅说的卓越才智，受到后人的景仰，人们把他列为与伊尹齐名的圣人，甚至将他神化。据一些文献中的传说，傅说死后变成了神，化成了一颗星宿，叫"傅说星"。人们还在他原居的傅岩那里建立了"傅说祠"，以示纪念。

小知识◎《梦傅说》

宋代诗人柴望曾写了一首《梦傅说》，诗曰：

傅说为霖寤寐中，
高宗一念与天通。
后来亦有君王梦，
不是阳台便月宫。

阳台指的是楚王梦游阳台，在那里与巫山神女云欢。月宫，指唐明皇梦游月宫，听到优美的乐曲，醒后谱成《霓裳羽衣舞曲》。诗的前两句讲的就是商高宗武丁心系国家，梦寐以求良臣来辅佐，心诚至灵，果真在梦中得到奴隶出身的傅说。武丁的梦，梦到的是得到振兴国家的人才。后来的君王也做梦，但是梦到的不是阳台就是月宫。诗的后两句，诗人通过阳台和月宫的典故，将后世君王的梦与武丁的梦相比较，讽刺了他们的荒唐颓废。

7. 文韬武略的盖世英雄
——周文王、周武王

周文王，姓姬名昌，商末周族部落的领袖，西周的奠基者。

周部落是商末西部一个实力雄厚的大方国，定都在岐山之下，称为岐周。周族领袖被称为西伯。伯，长；西伯，西方诸侯之长。因此，姬昌史称西伯，或伯昌。周武王灭商建立周王朝后，追尊父亲姬昌为"文王"。唐代武则天称帝后，认为武家是周文王的后代，便改国号为"周"，并追尊周文王为"南周始祖文皇帝"。

周文王任周族首领后，大力发展农业经济，方国日益富强起来。文王又广求贤才，许多才华横溢的人都去投奔他。

据说，有一天文王来到渭水边，看见一个老者正在那里钓鱼。这位老者很奇怪，他的鱼钩是直的，悬在水面上，而且没有鱼饵，老者口中还一直念念有词："愿者上钩！"周文王很好奇，于是与老者攀谈起来。

原来老者姓姜，名尚，吕氏，字子牙，世称姜太公。他满腹经纶，通晓天文地理，对时势政治了然于胸，但是一直怀才不遇，四处漂泊。

周文王羑里城

位于河南省汤阴县城北约4公里处。羑（yǒu）里城又称文王庙，其处有7米厚的龙山文化和商周文化遗存，是3000年前殷纣王关押周文王姬昌之处，是有史可据、有址可考的中国历史上第一座监狱。此处也是"文王拘而演《周易》"之圣地

后来听说文王正在遍访贤才，有意在这里垂钓，等待文王这位"伯乐"的相中。与姜子牙的一席对话后，文王非常高兴，立即带他一道回都，辅佐自己。

这就是人人传诵的"姜太公钓鱼"的故事。

商纣王见文王到处行善，威信日益高涨，部落势力也越来越强大，心里很不安，于是找了一个借口将文王囚禁于羑里（今河南汤阴县）。据《史记》记载，"文王拘而演《周易》"，文王在被囚禁期间，潜心研究八卦，演化成六十四卦，形成了天下第一奇书《周易》。

为了营救文王，周族的大臣们献出许多美女、宝马、珠玉给纣王，纣王见到美女财宝，喜不自禁，立即下令赦免文王。

灭商大业

文王出狱后，见纣王如此昏庸残暴，决心讨伐商朝。在文王生命最后的7年，为灭商大计做了7件大事：

第一，调解了虞芮两国纠纷，进一步树立了在各诸侯国间的威信。虞国（今山西平陆县）和芮国（今山西芮城）都是商王朝西方的属国，他们之间为争夺土地发生了矛盾，按理说应该找商纣王来裁定，但是纣王不得民心，于是他们找西方诸侯之长的文王来判决。文王秉公处理，两国和好如初。

第二，出兵战败西戎诸夷。

第三，攻打密须（今甘肃灵台县），解除了周族北边和西边的后顾之忧。

第四，"西伯戡黎"。黎国在今山西省黎城县，离河南的殷朝都城不到500公里，周文王起兵把邻近的黎国吞并了。

第五，文王伐邘（今河南沁阳市）。

第六，灭崇国（今陕西户县一带）。戡黎、伐邘、灭崇都是为了扫除灭商前进道路上的障碍。

第七，将周的都城由岐山周原迁到西安沣水西岸，都名丰邑（今陕西西安市长安区沣河西岸）。

周文王做完这7件大事后，周族势力范围已经扩展到长江、汉江、汝水流域，事实上已经控制商王朝的大半天下，"三分天下有其二"（《论语·泰伯》），为灭商奠定了基础。不幸的是，文王还没来得及出兵伐商，因病去世。在儒家的心目中，周文王是一位圣人，他的完美形象，被后世历代所称颂和敬仰。

武王伐纣

周文王病故，他的第二个儿子姬发即位，是为周武王。武王继承文王的遗愿，立志推翻商纣王的残暴统治。在军事上，任用姜太公为军师；在政务上，有他的弟弟周公旦尽心辅佐，周的实力愈加势不可当。

这时候的商王朝已日薄西山，纣王昏乱暴虐，荒淫无耻。在用人上，"谗恶进用、忠良远黜"，杀死忠臣比干，囚禁王叔箕子，箕子只好装疯，后被罚为奴。长兄微子也对纣王失望至极，出走隐居了，其他许多明智的大臣们纷纷投奔周武王。老百姓心中埋藏着对纣王深深的怨恨，纣王民心尽失。面对彻底被孤立的纣王，周武王决定联合反抗纣王的诸侯，讨伐商王朝。

公元前1047年3月，也就是武王即位后第4年春天，商朝的主力军还在东征，武王趁机发动了伐纣大战。武王任姜太公为总指挥，自己为统帅，亲领5万大军，渡过黄河东进。各诸侯率兵前来助战，在盟津（今河南孟津西北）与武王会合。

武王立即举行了盟军誓师大会。在庄严肃穆的气氛中，武王左手执掌象征军队指挥权的黄钺，右手握着用以发号施令的牦尾杖，在姜太公、周公及左右护卫下，登上土坛，向全体将士发表了伐纣誓词：

诸位友邦君长和将士们，殷纣荒废国政，不敬神道，离弃同胞，肆暴百姓，天怒人怨。现在，上天命令我向殷国行使惩罚。众将士们，举起你们的戈，拿起你们的盾，要像虎那样威武、如熊一般雄壮地去战斗。努力啊，将士们！

这篇誓词就是《尚书·牧誓》。在誓词中，武王历数商纣王作恶多端的罪行，表示自己要"恭行天罚"，替天行道，同时鼓励大家同心伐纣，奋勇向前。

盟誓后，武王便率大军直接奔袭商都朝歌（今河南淇县），一路上高歌猛进，势如破竹，很快便打到了离朝歌只有35公里的牧野。纣王仓促迎战，双方军队在牧野附近展开了激烈的决战。

虽然商军人数远多于周军，但是周军是一支纪律严格、训练有素的精锐之师。而商军的主力还在东征，与周军作战的多数是临时组织起来的奴隶和从东夷捉来的俘虏，他们平时对纣王的暴行恨之入骨，哪肯为纣王效力？所以，两军刚一交锋，商军中的奴隶和俘虏们纷纷倒戈。不久，商军溃败逃走，周军乘胜追击到朝歌。这就是著名的牧野之战。

纣王逃回朝歌，深感商朝已经无力回天，一向高傲的他在鹿台自焚身亡。商朝百姓得知纣王已死，列队欢迎周军入城。周武王受到诸侯和百姓的拥戴，成为新王朝的君王，定都镐京（今陕西西安西南沣水东岸）。自此，武王结束了历经500多年的殷商王朝，建立了长达近800年的周朝。

小知识◎方国

部族是一个同姓血缘相近的社会集团，在卜辞中大多称之为"方"。《礼记·王制》："千里之外设方伯。"方国是指位于中央政治中心四方的部族。方国的领袖称为"伯"。比如，商末时，周还是位于商王朝西部的一个部落，是隶属于商的一个方国。

八骏巡游图

此图展示了周穆王乘着八骑马车巡游。周穆王,姬姓,名满,昭王之子,是周朝的第五位帝王,也是我国古代历史上最富有传奇色彩的帝王之一,世称"穆天子",关于他的传说有许多,最著名的则是《穆天子传》

◎周朝

周朝是中国历史上继商朝之后的朝代,分为西周(前1046~前771年)与东周(前770~前256年)两个时期。西周由周武王姬发创建,定都镐京和洛邑;东周由周平王姬宜臼建立,定都洛邑。其中东周时期又称春秋战国,分为春秋及战国两个时期。周王朝存在的时间为公元前1046年至前256年,共传37王,共计存在791年。

◎诗句赏析

《诗经》:"维师尚父,时维鹰扬。"

师尚父即姜太公,牧野之役,以姜太公为军师。这句话是称颂牧野之役时姜太公在战场上英勇善战,如大鹰展翅飞扬。

8. 中华礼仪之邦的奠定者
——周公

周公，在《尚书》中，是着墨最多的人物。与周公有关的《尚书》篇章，有《微子之命》《金縢》《大诰》《召诰》《洛诰》《多士》《蔡仲之命》《无逸》《君》《多方》《立政》等。

周公，姓姬，名旦，周文王姬昌的第四子，武王姬发的同母弟，周成王的叔父，早年被封于周（今陕西岐山北），故称周公。周公多才多艺，文武双全，一生主要功绩集中在商周之际，在打天下和治天下两方面均有着巨大的贡献。

周文王去世后，武王即位，周公成为哥哥武王的得力助手，辅佐武王实现了灭商大计，建立周朝。

成王年幼，摄政安邦

周灭商后第二年（约前1045年），武王病逝，传位成王。当时的成王年龄还很小，而周朝刚刚建立不久，不少人对周的政权虎视眈

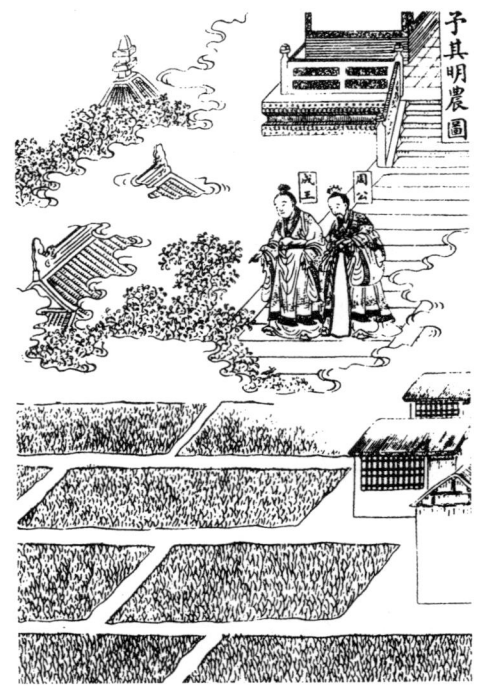

周公辅成王

成王年幼,周公代替成王治理天下7年。直到成王长大,周公才把政权交给成王,自己归到大臣的行列,同时勉励成王实行德政,爱护百姓,发扬光大文王、武王开创的业绩

眈,周公担心一些诸侯欺侮成王年幼,有反叛之心,就亲自摄政。

历代对周公摄政一事争论颇多,主要有两个不同的观点:一个观点说周公已经自称为王,即摄政王;另一个观点说,周公没有居摄称王,所谓的摄政其实是宰相之位,总管政事。从现代的观点来看,这两个争论好像没有什么意义,总之最终结果是周公把权力交给了成王。但是在以前,意义却很不同。周公被儒家称为圣人,从儒家的圣人观来说,周公是忠诚于成王的,不可能自己代王,这才符合圣人形象。

另外,在一些儒家看来,周公摄政的结果让周朝得到了稳定和兴盛。如果持周公摄政称王的观点，这会让后来一些摄政为王的人找到很好的借口。事实上，有人就这么做了。西汉末年，王莽摄政，但是他摄政是为自己做皇帝做准备。为了使王莽摄政得到大家的认同，学者刘歆大造舆论，将王莽摄政与周公摄政相提并论，宣传王莽也可以让汉朝复兴，将王莽摄政合法化。这样一来，王莽手中可控制的权力越来越大，野心也日益膨胀，最终篡汉。

到底周公摄政时是否称王，由于解释不一，无法定论。但有一点是肯定的，周公是忠于周王朝的，这与王莽之徒有着本质的不同。

周公摄政，前后共计7年，这是周公一生中最为辉煌的时期。7年间，周公做了7件大事。《尚书大传》说："周公摄政，一年救乱，二年克殷，三年践奄，四年建侯卫，五年营成周，六年制礼作乐，七年致政成王。"

出师东征，平定叛乱

周公宣布摄政后不久，就引起了周朝贵族内部的权力斗争。

管叔、蔡叔见周公权倾朝野，心怀忌恨，共谋对抗周公。管叔，名鲜，是周文王的第3个儿子，封地在管（今河南郑州）。蔡叔，名度，文王的第5个儿子，封地在蔡（今河南上蔡）。这两人论才比不上武王，论德比不上周公，一直得不到文王和武王的重用。

管、蔡二人见周公摄政，感觉诋毁周公的机会来了，于是四处散布流言，说："公将不利于孺子！"诬陷周公准备取代成王，自己夺位称王。在众多的流言蜚语面前，年幼的成王也对周公心存芥蒂，产生了怀疑。

屋漏偏逢连夜雨。武王灭商后，为了安抚商朝遗民，曾封商纣王的儿子武庚管理商朝的旧都殷，并安排管叔和蔡叔监管殷民。管、蔡、武庚史称"三监"。然而，武庚内心对周朝并不臣服，一直有复国之心。这时武庚见管、蔡与周公有隙，于是与他们勾结起来，密谋叛周。

面对复杂的政治局面，周公表现出了卓越政治家的才能。他首先耐心地向威望甚高的姜太公和召公解释说："我如果不摄政，周朝的政治就会不稳，那时我就真对不起先王了。"希望他们理解自己的一片苦心。召公他们相信了周公对周王室的忠诚。周公又赠诗《鸱》给成王，向成王表示管、蔡、武庚他们必败。

一天，天气突变，风雷大作，成王不知吉凶，便准备占卜天变的缘故。于是成王穿上礼服，恭敬地开启金縢之箱，却发现了一篇祝文（此即《尚书·金縢》）。这是周公请求代武王而死的祝文。当年武王病重时，周公悄悄向上天祈祷，希望他能代武王而死。读了这篇祝文，成王很感动，"执书以泣"，说："原来周公为我周王朝鞠躬尽瘁，并辛苦地经营王朝。可我自己却年幼无知，今天上天都对我怨恚，引起天变，这正是彰显了周公的德啊。"成王终于明白了周公的忠诚，对周公完全信任了。

这时候，管叔、蔡叔与武庚，纠集徐（今江苏泗洪）、奄（今山东曲阜）、薄姑（今山东博兴东南）和熊、盈等方国部落一起作乱。成王命令周公平息叛乱。奉命后，周公代替成王大诰天下，宣布东征平叛。经过3年战争，周公平定叛乱。武庚和管叔被诛，蔡叔被流放。后来，周公又封蔡叔的儿子蔡仲掌管蔡国。

营建东都，分封诸侯

武庚的叛乱，让周公意识到加强周王朝统治的重要性。为了彻底防范商朝遗民作乱，加强对东方疆域的统治，周公决定再建东都洛邑

（今河南洛阳）。

洛邑位于伊水和洛水流经的伊洛盆地中心，地势平坦，土壤肥沃，是个定都的好地方。周公先派召公到洛邑考察，初定城郭、宗庙、朝、市的具体位置。之后，周公来到洛邑，再次占卜，确定规划。经过一年左右的时间，洛邑建成。周公在这里召集天下诸侯，举行盛大庆典，宣布周朝一统大业。因此，洛邑也称"成周"，原来的都城镐京史称"宗周"。

接着，周公分封诸侯，加强对商遗民的管理。周公把曾经反对周朝的"殷顽民"全部迁居到洛邑，统一管制。同时，他把其他的商遗民全部分散开来，封归降于周的商纣王的哥哥微子在商朝故都宋（今

"殷微子之墓"碑亭

河南商丘古城宋氏始祖微子墓。微子，名启，初封于微地（今山东省梁山县西北一带），世称"微子"。商王帝乙的长子，纣王的同母兄。商亡后，周成王封微子国于宋，即今河南商丘一带，故微子是宋国开国远祖

二 辉煌文明的缔造者 | 79

河南商丘），管理那一带的商朝后人。封自己的弟弟康叔在纣王旧都朝歌（今河南淇县），建立卫国，负责管理商遗民中的7个部族。这7个部族分别是陶氏、施氏、樊氏、繁氏、锜氏、饥氏和终葵氏，史书上称为"殷民七族"。周公又把奄国旧地分封给他的长子伯禽，建立鲁国，将商遗民条氏、徐氏、萧氏、索氏、长勺氏、尾勺氏等6大族归属伯禽管理。

商遗民被分散管理后，逐渐服从于周朝的统治，天下至此一统。经过分封诸侯，周王朝的中央政权进一步得到了巩固。

制礼作乐，名垂千古

中国被誉为礼仪之邦，以礼乐文化闻名全世界。周公不仅是政治家，也是礼乐文化最重要的创造者。制礼作乐，是周公对中国文化的巨大贡献。近代著名历史学家夏曾佑先生说："孔子之前，黄帝之后，与中国大有关系者，周公一人而已。"

周公在扫平叛乱，营建成周之后，为了维护周王朝的长久统治，他以"敬德保民"为指导思想，制定了一整套礼乐制度。

周公认为，在一个社会中，人的贵贱、尊卑、长幼、亲疏有别，人们的生活方式和行为应该符合他们在家族内的身份和社会、政治地位，不同的身份应当有不同的行为规范，于是，就制定了维护父尊子卑、兄尊弟卑、天子尊诸侯卑的等级森严的礼法。谁要是违反了礼仪、居室、服饰、用具等等的具体规定，便视为非礼。这种礼法使国家政治井然有序，巩固了周王朝的中央统治地位。

"乐"，即音乐。音乐是人类发自内心的情感之声，不同的音乐可以让人产生不同的情感，有的让人听了消沉颓废，有的能够让人积极向上。选取适当的音乐可以让人们从内心产生共鸣,不需要采用其他手段,人就可以主动地达到和谐团结的境地,这是教化的最高形式。

周公非常重视"乐"的教化作用。他将礼和乐联系在一起,为各贵族进行礼仪活动制作了不同的舞乐,不同级别的贵族,享受的舞乐规模也不同。

"乐至则无怨,礼至则无争",周公通过制礼作乐,既使尊卑、长幼有序,又促进了周王朝的和谐团结,形成了西周特色的礼乐文化与礼乐文明。

春秋时期,孔子对当时的"礼崩乐坏"十分不满,非常向往周公时期的礼乐文化,他说:"郁郁乎文哉,吾从周。"孔子感慨西周有着丰富多彩的礼仪文化,表示他要遵从西周的礼乐制度。

西周舞乐

西周时期是中国音乐史上的一个黄金时代,其代表作为《大武》之乐,《大武》乃周公所作,为融合了音乐与歌舞的舞剧,内容为赞美文王、武王的创业和周师的胜利,其声容的壮美,可以想见。图为西周青铜器上古代宫廷的乐人

辨材何须待 7 年

周公摄政 7 年后,成王长大了,周公不再继续摄政。由于周公的摄政,为周王朝奠定了近 800 年的基业,历代将此传为美谈。人们尤其感叹周公的忠诚,唐代著名诗人白居易曾写了一首《放言》诗,云:

> 赠君一法决狐疑,不用钻龟与祝蓍。
> 试玉要烧三日满,辨材须待七年期。
> 周公恐惧流言日,王莽谦恭未篡时。
> 向使当初身便死,一生真伪复谁知?

这首诗是诗人白居易为好友元稹所作,开篇就说送给元稹一妙策,为友人排忧解疑。钻龟,古代人们常用龟甲来占卜吉凶。祝蓍,用来占卜的蓍草。在诗中,作者并没有直接回答此良策是何物,只是说不需要占卜,从历史经验可以得知。接着用周公摄政遭到流言一事,与王莽在篡位前的谦逊假象作对比,说明只要经过一定的时间,谁是忠臣,谁是阴谋家就一清二楚了。真英雄何须害怕流言,只要拥有磊落、坦荡的襟怀,无愧良心,历史自然会检验一切。

周公不仅是西周时期的政治家、思想家,也是儒家思想的奠基者,还是古代立功、立德、立言的典范,他为中华民族留下了宝贵的思想财富。

小知识◎定鼎洛邑

相传夏禹铸造了九个大鼎,这九鼎是商周二朝的镇国之宝,象征统治天下的权力。

商朝末年,周武王举兵讨伐商纣王,纣王战败。周武王灭商后,准备把九鼎搬运到周朝的国都镐京,可是那九尊大鼎像座山,很难搬运。武王花了许多人马和几个月的时间,才把九鼎拉到洛邑。在洛邑时,大鼎像生了根似的,怎么拉也拉不动了。武王知道后,心想:"洛邑位于天下之中心,九鼎是镇国之宝,它们落在洛邑不动,莫不是上天要我把国都迁到洛邑?"武王正准备把九鼎放置在洛邑,并举行安置典礼时,不幸因病去世了。

武王去世后,他的儿子成王即位,周公辅政。周公为了更好地统治商王朝后裔,营造了洛邑城,作为周朝的东都。周公还命人建成了一座宏伟壮丽的大殿,并选择了一个良辰吉日,在大殿里举行了隆重的定鼎大典。

后来,人们为了纪念周公辅佐周成王"定鼎洛邑"的功劳,就兴建了一座周公庙(今河南洛阳西关外),庙里的大殿被称作"定

商代王权的象征:商代铜方鼎
这种铜方鼎,造型简洁大方,腹部的饕餮纹与乳钉纹呈带状排列,表现出一种庄重与秩序。这件铜鼎所显现的美学风格透出商代王权的神秘与威严,这是国家权力至高无上的形象诠释

鼎堂",庙前的道路则取名为"定鼎路"。

◎握发吐哺

周公很爱惜人才,求贤似渴。有一次在他洗头时,恰巧有贤才求见,周公马上握着湿着的头发,迫不及待地去接待贤人。吃饭时,碰到有人求见,立即吐出口中食物,会见客人,唯恐失去天下贤人。后人就用"握发吐哺"作为在位者礼贤下士、招纳人才的典故。

三国时,曹操在《短歌行》中云:"山不厌高,水不厌深。周公吐哺,天下归心。"曹操用"周公吐哺"的典故,表达了自己求贤若渴之心,希望能够像周公一样礼待贤才,使天下人才心向往之。

三 修身治国的大智慧

《尚书》是一部记载上古帝王政事的史书。这部史书的意义不仅让后人了解我们早先的文明,更重要的是它传递了上古人们治国修身的智慧。上古人们通过对繁芜万千的历史经验的总结,揭示了社会发展和治理的根本规律,这种规律就是"道"。现代的我们,有道可依,有经可循,再也不用事事都"摸着石头过河",可以少走许多弯路。

所以,在中国文化中,《尚书》一直是帝王将相学习安邦治国的教科书,平民百姓学习修身待物的处世哲学经典。

1. 上天赐予的大道
——洪范九畴

箕子是商纣王的叔父,很有才干,他早年看到商纣王的昏暴,极力劝谏纣王,但是纣王可不是唐太宗,哪听得进去逆耳忠言?纣王把箕子囚禁起来,留些溜须拍马的人在跟前。周武王灭商以后,并没有因为箕子是商纣王的王叔而治他的罪,反而把身为囚犯的箕子放出来,封他于朝鲜,汉代时将这一时期的朝鲜称为"箕子朝鲜"。

周武王灭商后第二年,很想得到前人治国的经验和智慧,于是,他亲自拜访箕子,十分谦虚地向箕子请教治理国家、建立秩序的道理。箕子把治国大道,即"洪范九畴",系统地向武王解释。

洪范九畴,是上古治理国家的智慧。洪,大;范,法。洪范就是治国的大法。畴,类;九畴,九类。洪范九畴就是9类治国大法,这9类是治国的根本方略。洪范九畴不是箕子首创,据他所说,是上天赐给大禹治理国家的大道。

洪范九畴,实质上是从9个不同的角度在天道自然、社会事务、人伦道德等方面讲述综合管理社会和国家的策略。

五行

　　五行是洪范九畴的第一大类。五行是上古人们对自然规律进行总结抽象的结果，也是中国古代认识事物的思维方式。在五行文化中，《洪范》是最早明确阐述五行属性的文献，中医的五行相生相克原理就是在此基础上发展而成的。

　　五，指的是水、火、木、土、金。行，指事物的运动与变化。五行并不是指水、木、火、金、土这5种具体的物质。五行指的是水、火、木、土、金5种基本属性，及其运动变化的规律。

　　中国的古代思维方式，不是按具体物质分别划类，而是按属性、功能划类。如中医中的肝、胆、脾、胃、肾的划分，绝不单指这5个器官。

　　以脾为例，中医的脾，既包括"脾"这个有形的器官的功能，又包括脾经这种看不见的部位的功能。凡是运化水谷和水湿，以及统血的功能都属脾。所以说，中医的脾是一个功能性的概念，不是指具体器官（物质）。

　　但问题又来了，为什么用"脾"这个词来代替运化水谷和水湿，以及统血的功能呢，而不是用其他的词呢？这是因为运化水谷和水湿以及统血，是脾器官的基本功能（属性），所以用"脾"这个词来代替。

　　这就是古代人的思维。

　　正是基于这种思维，五行中的"五"，是指水、火、木、土、金5种基本属性，这一点需要特别强调。这5种属性是什么呢？《洪范》说："水曰润下，火曰炎上，木曰曲直，金曰从革，土爰稼穑。"

　　水　水作为具体物质时，具有滋润和向下的特性。"水曰润下"，五行中，把所有具有滋润、向下运行特性的事物和现象，都称为水。

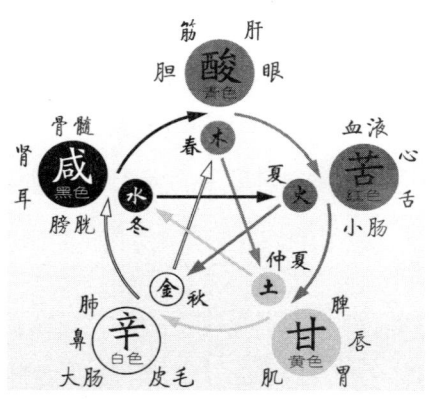

中医五行图
五行学说在中医方面的运用

五行中的水已经超越我们平时肉眼所见的具体物质的水了,是一个抽象的概念,具有普遍意义。

火　火在燃烧时,能发光放热,火焰飘浮于上,光热四散于外,故火有发热、温暖、光明、向上的特性,即"炎上"的属性。"火曰炎上",五行中,凡具有温热、升腾、向上等炎上作用的事物和现象,都称为火。

木　"木曰曲直"。"曲直",是说树木的主干是挺直向上生长的,树枝曲折向外舒展,生长繁茂,具有升发、生长、条达、舒畅等特性。凡具有升发、生长、条达、舒畅此类特性的事物和现象,都称为木。

金　"金曰从革"。金属刚而锋利,具有刚强、肃杀、收敛的特性,即"从"的特性。但是金属可以加工成不同的形状,又有"革"的特性。因此,凡具有肃杀、收敛、潜降特性的事物和现象,都称为金。

土　"土爰稼穑"。爰,即曰,称为的意思。"春种曰稼,秋收曰穑",稼穑是指庄稼的播种与收获,引申为万物的生长。"土为万物之母",

土有养育、承载、化生万物的作用。凡具有生长、承载、化生属性的事物和现象，都称为土。

五行揭示的是事物属性及其运行的规律，它告诉人们，凡事都要顺其本性而行。

五行与鲧禹治水

洪范九畴是上天赐给禹的，为什么要赐给禹？箕子解释说，上古时候，鲧用堵塞的方法治理洪水，没有按照上天安排的五行规律办事，上天震怒，不把洪范九畴的治理方法传给鲧。后来，鲧受到惩罚，被流放至死，大禹兴起，顺从五行，上天就把九种大法赐给了禹，治国的大法由此确定了。

鲧禹父子虽然都治水，但是鲧没有按五行规律办事。"水曰润下"，水性是向下的，鲧治水用堵塞的方法，违背了水的属性，所以失败了。大禹运用了与父亲截然不同的方法，他采用疏通河道、开渠泄水等措施，顺从水性向下的原理，最终成功了。

从这里我们也可以看出，五行在洪范九畴中的地位是很高的。五行是上古人们对世界的认知方法，有点类似于我们现在的系统论。战国时期又出现了五行相生学说、五行与阴阳配合学说，丰富了五行学说，但是在后来的发展中，有些方面太过牵强附会，不可避免地使五行学说蒙上了一层神秘的色彩。

五事

五事 即5种行为标准，分别是貌、言、视、听、思，即态度、言论、观察、听闻、思考。这是对个人行为方式的要求。

修身齐家治国平天下。无论是君王将相，还是普通老百姓，修身都是第一位的。

那么如何具有王者风范？如何做一个有人格魅力的人？从个人来说，要从"貌、言、视、听、思"这5个方面来修炼自己。《洪范》说："貌曰恭，言曰从，视曰明，听曰聪，思曰睿。"也就是指态度要恭敬，言论要恰当，观察要仔细，听闻要聪敏，思考要睿智。

美国西点军校有一句名言："态度决定一切。"积极、向上的态度对事情的成败至关重要。一位立志为百姓苍生谋福利的领导，凡事有着励精图治的态度，能不受百姓拥戴吗？

同时，作为领导，言论要恰当、正确，不要信口开河，也不要随意许诺。言而有信，才能让人心服口服。更不要恶语伤人，诽谤他人，要保持自己的纯净人格。

此外，一个人要驾驭复杂的局面，就要仔细观察，学会听不同的声音，并加以思考。

"兼听则明，偏听则暗"，听不同的声音是对自身的修炼。许多人喜欢听好话，听赞同自己意见的话。因为即使是"忠言"，也会"逆耳"。没有修炼出"听"的功夫，就会对不同声音有一种本能的抵抗情绪。历史上，商纣王把劝诫的箕子囚禁起来，而唐太宗将劝诫的魏徵当成一面镜子，最后，纣王灭国，太宗开创盛世，其结果是何等的不同！所以，我们要加强自身修炼，学会善听、兼听。

七畴

除五行和五事外，还有7种治国大法。分别是：

八政 指的是食、货、祀、司空、司徒、司寇、宾、师八种政务。这是从政治事务做系统的分工。在国家政治事务和管理中，可以大致分为掌管农业生产、财货、祭祀、土地和居民、教育、刑狱、礼仪、军事等8个方面的分工，要专门设置部门和负责人，各司其职。

五纪 即岁、月、日、星辰、历法五种计时方法。这5种计时方法要相互配合好，恰当运用。因为在农耕社会，天文历法是农作时间的依据，如果没有配合运用好，就会误农时，影响经济的发展。

皇极 就是要建立君王之道、皇权法则。

三德 指的是正直、刚克、柔克。治理民众要以"正直"为本，同时在必要时又要刚柔并用，或者以刚制胜，或者以柔制胜，这是儒家治国的中道观。

稽疑 即稽查、考究疑惑。就是通过龟卜和占筮以探询上天的旨意，同时，参照卿士、众民和自己的意见做出判断和决定。

庶征 即雨、旸、燠（yù）、寒、风5种气候的征兆。这5种气候，一年变化无常，有好征兆，也有坏征兆。要管理好经济，需要能够通过观察气候变化，去分析判断年景和收成。

五福、六极 五福即寿、富、康宁、好德、善终，六极即夭折、多病、忧愁、贫穷、丑恶、懦弱。作为管理者，可以通过五福引导人们向善；通过六极警示和阻止人们从恶，最终让大多数人过上幸福美满的生活。（详细讲解见下一节）

洪范九畴，无论是五行学说、行为特征，还是君王之道、人格要求，为几千年的中国社会建立秩序、维护统治打下了理论基础，提供了理论指引，同时也提供了中国传统思维的框架。

小知识◎"食哉惟时"的饮食观

《尚书》说:"食哉惟时。"从饮食的角度来说,就是指人们每餐进食应有较为固定的时间,这样才可以令脾胃有规律地进行消化、吸收等活动。孔子说:"不时,不食。"不到该吃饭的时候,就不吃东西。当然,按时进食与按需进食并不矛盾。

因时进食也有原则。时间不同,量和质也不同。俗语说:"早餐要吃好,午餐要吃饱,晚餐要吃少。"早上是人身体阳气初升的时候,脾胃经过休息开始活动,吃一些比较清淡比较容易消化的食物,有利于脾胃。但白天活动量大,需要更多能量,所以早上又要吃有营养的食物。中午时,阳气达到高峰,脾胃功能增强,各身体机能需要的能量更多,可以随之适当增加一些荤食,吃饱一些。晚上时,阴盛阳衰,各机能下降,吃多了不易消化,即使消化了也难吸取,而且会增加脾胃负担,所以要吃得少。

"食哉惟时"还体现在季节不同,应该吃不同的食物。民间谚语说:"冬吃萝卜夏吃姜,不用医生开药方。"这就是因时饮食。为什么冬天要吃萝卜夏天要吃姜?用中国文化的解释是"春生、夏长、秋收、冬藏",这四季不同,要根据四季的特征去决定饮食。

此外,在当代社会,反季节蔬菜很多,按"食哉惟时"的饮食观,应尽量多吃季节时令菜。

2. 幸福人生的密码
——善修五福

《洪范》篇中指出，人生有五福：一是长寿，二是富贵，三是康宁，四是修德，五是老而善终。一个人如果拥有五福，就是完满幸福的一生。如何才能拥有五福？享有百岁高寿的唐代医药家、养生学家孙思邈，对五福曾做过精辟的论述，他指出，人生之福是靠自己修养而来的。

长寿就是财富

《洪范》说，人生有五福，也有六不幸。六不幸中，一是早亡，二是多病，三是多忧，四是贫穷，五是丑恶，六是愚懦。长寿是五福之首，早死是人生最大的不幸。人生祈求五福，以长寿最为重要。

要长寿，首先要重视身心的健康。"身体是革命的本钱"，这个道理人人明白，但是做起来并不是那么简单。

在商品经济越来越发达的现代社会里，很多人都为财所困。有一个故事，讲美国的强盗拦路抢劫时，拿枪对着人问一个简单问题："留下你的命还是你的钱?"在这个生死关头,多数人选择"命"。可是在生活中,人们忘了本性,许多人偏偏就是拿命换钱。

现在世界上积劳成疾、过劳死的人不少。看看身边,"上辈子用健康挣钱,下辈子拿钱买健康"的人还真不少。人不能把财富带进坟墓,但钱可能会把人带进坟墓。所以,如何选择成了一生的关键点。

举一个现代的例子。约翰·洛克菲勒,美国历史上最富有的人,超级资本家,美孚石油公司(标准石油)创办人。如果洛克菲勒今天仍然健在,他的个人资产将达到盖茨的数倍。洛克菲勒很聪明,33岁赚到了100万美元,43岁创立了世界上前所未有的最大的垄断企业"标准石油公司"。

但是,在财源滚滚而来的时候,洛克菲勒却发现,自己的健康正在一步步走下坡路。53岁时,因为长期处在高度紧张、烦恼、忧思的赚钱生活中,他身体日益恶化,整个人"像个木乃伊"。医生告诉他身体的情况,让他必须立即做出选择:一是财富和烦恼,一是生命本身。

在事实面前,洛克菲勒开始反省自己,他最终选择了身体,提前退休了,也退出原来那种生活。结果又活了40多年,竟然达98岁。

早在春秋时的哲学家老子,就清楚地认识到身体远比名利重要,他反问人们:"名与身孰亲?身与货孰多?"声名与身家哪个更为切己?身家与财货哪个更为重要?当然是命,所以老子提出了贵身的思想,认为拥有健康才是最富有的人。

德是福根

《尚书》说,有德就有天下,失德就失天下。历代皇帝的老师,为了培养一代名君,都会把修德作为重要的内容教育帝王。作为普通人，修德也是日常必做功课。孔子说："君子坦荡荡，小人常戚戚。"大多数人希望自己成为一个坦荡荡、光明磊落的君子，有着高尚的人格魅力和感召力。

有道德修养的人，不会有害人的念头，更不用担心别人对自己的报复，每天心安理得，内心恬淡，这对长寿也有一大促进作用。《黄帝内经》说："修身为德，则阴阳气和。"又说："所以能度百岁而动作不衰，以其德全而不危也。"阴阳气和，就是阴阳平衡，是健康的标志。阴阳失衡，是生病的根源。有德的人阴阳平衡，所以能长寿。

孔子说："仁者，爱人。"仁爱是德的一个重要表现形式。

爱别人就是爱自己，善待别人就是善待自己。爱别人，尤其是身边的人，他们也会爱你，这样就为自己的人际关系结成了一张爱之网，让自己处于这张网中，不仅付出爱，也获得爱。爱是一种能量，是一种珍贵的精神能量。这种能量是最伟大的治疗能量。根据调查，凡是长寿之人，大多心地善良，富有同情心，所以人们常说"仁者寿"。

德在于修炼，不能荒废，更不能指望一蹴而就。《尚书》说："苟日新，日日新，又日新。"一个人如果每一天都将自己的恶习去掉一点，增加一点美德，就是天天都有新德，每一天与前一天都不同，日日拥有一个全新的自己。

老而善终

人有生就有死，谁也无法避免。但只要是"善终"，就是一种福。善终，指人因自然衰老而死亡，不是死于刑罚或意外的灾祸。

要做到老而善终，就要学会养生之道，有一颗知足常乐的心态，珍惜生命。更重要的是，要活得无悔。这需要具有高洁的德性。夏桀、商纣王不得善终,究其根本原因,就是无德。

一代贤相伊尹,作为商朝开国元勋,五朝元老,位高权重,但伊尹没有私心,他使诸侯顺从,百姓乐业,自己享其寿,直到沃丁时才去世,死后还受到君王规格的厚葬,真正可谓"老而善终"。

相比之下,汉代的王莽,在篡位以前,能够谦恭俭让,礼贤下士,做得确实很好,深得人心。因此,不久以后,他的声名地位越来越高,甚至被看作是"周公在世"。但是王莽的德性根本无法与伊尹、周公相提并论,他骨子里藏着私心,后来便利用自己的权力,逼宫篡位。

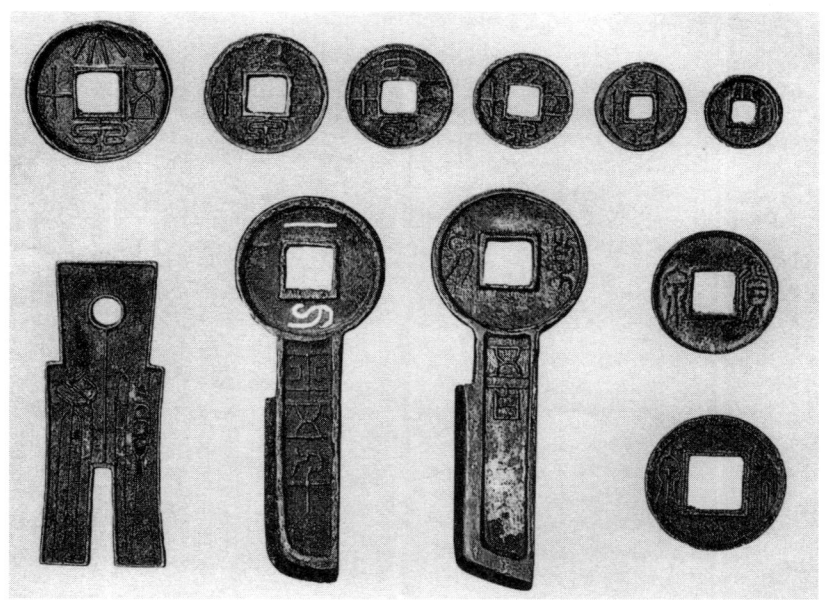

王莽钱
王莽建立新朝后,废除西汉货币,另铸"小泉直一"代替五铢钱,并在以后3次改革币制,但最终没有解决当时的社会矛盾,却加剧了财政混乱

公元9年,王莽废汉,建立新朝,推行新政,史称"王莽改制"。王莽在位15年后,天下民心大乱,更始军攻入长安。王莽最终不得"善终",死于乱军之中。

中国有句俗话,好人有好报。有善德的人才会有善终。

3. 备受推崇的心法
——允执厥中

武侠小说中,我们经常看到一位高手在传授功夫时,将武功心法一起教给徒弟。这里的心法就是练武时的口诀,可以帮助提升练武者的内功。

学佛的人,对"心法"二字更不会陌生。佛教认为,万千世界,不外乎两种,一种是有形的物质,一种是无形的精神。一切有形的物质称为色法,一切无形的精神称为心法。

另外,禅宗的教导宗旨是"以心传心,不立文字",禅宗认为,佛法不需要依据经典,只能以心相传,这种不依据经典所传授的佛法,也叫作心法。

佛教传授佛法有心法,儒家也有治国和修身的心法。

十六字心法

儒家把《中庸》看作"孔门传授心法",但更早的儒家心法出现在《尚书》中。宋代大儒朱熹认为，《大禹谟》中的"人心惟危，道心惟微，惟精惟一，允执厥中"，是"虞廷十六字心法"，并根据这十六字心法，结合《论语》《中庸》等经典，创立了儒家的道统说。从此，十六字心法受到历代儒家的推崇。

宋代大儒朱熹
朱熹（1130～1200 年），字元晦，号晦庵，南宋江南东路徽州府婺源县（今江西省婺源）人。著名的理学家、思想家，世称朱子，是孔子、孟子以来最杰出的弘扬儒学的大学者

儒家认为，尧、舜、禹三代创造了辉煌的中国文明，三代的治国经验和修身智慧可以浓缩为"人心惟危，道心惟微，惟精惟一，允执厥中"16 字。这 16 字通过后世圣人不断传递和发展，使儒家的王道精神得到延续。传道者就是尧、舜、禹、商汤、周文王、周武王、周公、孔子、孟子等圣人。

朱熹认为，尧将治国和修身之道传给舜时，只说过"允执厥中"这一句。后来，舜传给禹，又添了"人心惟危，道心惟微，惟精惟一"三句，这说明舜在尧的基础上，又有所发挥，说得更详细。"允执厥中"是最关键的一句，是治国和修身的根本策略；"人心惟危，道心惟微"是讲为什么要"允执厥中"；"惟精惟一"是讲如何做，才能达到"允执厥中"的效果。

人心惟危

什么是人心？人心为什么"惟危"？

人一生下来，就降落在这个处处充满诱惑的物质世界。我们不过是凡夫俗子，作为社会的一员，每个人都会在不同程度上受到物欲的诱惑。这就是人心。

人心本身没有好坏之分,每个人都有欲望。生下来就要吃喝,饿了就哭,这也是欲望。正当的欲望是必需的,是维持生命的基本。但是,如果一个人不控制、调节好自己的心,一味停留在对外物的依恋中,就会"危"。

危即危险,"人心惟危"就是人心如果不把欲望控制在合理的范围内,就可能会出现危殆之事。如现在社会,事事总在强调竞争,有限的资源,无限的欲望,无限的竞争,压力越来越大,这样的生活环境让很多人都会感到心累。如果我们不善于取舍,不善于释压,就会出现疲惫的心,疲乏的身。这就是个人之"危"。

扩大到社会,如当今社会,经常将金钱、地位作为衡量成功的标准,

泰山挑夫
现代人面对的生存压力,有如图中泰山挑夫肩上的重担,让人喘不过气来

这种环境下，让趋功近利的人越来越多，有些人甚至为达到目的，不择手段。这种被各种外在欲望牵着走的人多到一定程度，对社会来说，"危"机就出现了。

道心惟微

道心，是相对人心来说的。人心、道心并不是一个人有两个心，而是从不同层次来诠释的一个心。

道心就是本然的、先天存在的、不会受到任何外在物欲诱惑的心，是人的先天本性，是至善的心。我们说，人人都有良心，良心是先天具有的至善的心。从这个意义上说，道心就是良心。人生活在物质世界中，很容易受到外在物质的诱惑，而产生各种欲望，这种欲望过强时，就把本来先天的至善的良心蒙昧住了，让人跟着欲望走，而不是跟着自己那颗本性的道心走。这就是"道心惟微"。

有些人在反省自己时，竟然觉得不认识自己一样，不明白自己到底要追求什么，好不容易得到了名，又想得到利，让自己总是处于无穷无尽的欲望之中。这就是因为道心没有彰显出来、一味让外在物欲牵着走的缘故。所以，人要修养身心，就要让精微难明的道心时时显著出来，主动盖过自己的充满欲望的心（人心）。

执中与适度

"惟精惟一"是"允执厥中"的修养方式。惟，语气词。精，精察，仔细观察自己的本心，即道心。一，守一，守住道心，顺本性的自然流露。允执就是平心静气、一直认真执守。厥，虚词，相当于今天的"其"。

中,是十六字心法的关键词,意思是不偏不倚,无过无不及,恰到好处。

拿日常生活中的穿衣吃饭来说。穿衣吃饭本来是每个人正当的欲望,但是不能"过"了。什么是"过"？过于追求穿时尚名牌,吃山珍海味,这就是"过"了。

"月满则亏,水盈则溢",这是"过"的结果；"消极处世,无所作为"这是"不及"的结果。中道的思想就是要我们做事,不要"过",也不要"不及",掌握好一个"度"。

孔子说:"《洪范》可以观度。"度,即适度,这是人们在长期的生产、生活中,总结出的处理事物的一个原则。适度,不出格,不落后,即"中"的状态。只有恰到好处,即执中,事情才能得到美满的结局。

中道与治国

《洪范》中,提出治理国家时要善于运用三德原理。

三德,即正、刚、柔。正,正直,不偏不倚,处"中"的状态,这是国家最和谐的理想状态。我们经常把治理国家统称为"政治"。政,就是正；政治就是正治,通过治理,使国家达到"正"的状态。因此,《尚书》说,国家的治理要以"正"为本。

如果一个国家的状态偏离了"正",就会表现出两种状态:一是刚,即"过"；一是柔,即"不及"。只要偏离了"正",就要以刚制柔,或者以柔克刚,使之达到"正"。

比如,秦在统一六国后,国家的军事已经是"刚"的状态了,这时候如果按照中道治国的思想,他应当"以柔克刚",让国家休养生息,但是秦始皇并没有采用上古时代已经总结出来的治国智慧,反而继续穷兵黩武，过度地耗费民力，最后引起民众的不满和反抗，导致秦朝短命而亡。到西汉建国之初，针对长期的战争，汉统治者采用"黄老之术"，让国家和百姓得到休养恢复，开创了"文景之治"的历史盛世。

与之相反，宋代重文轻武，军事过"柔"，不能抵御外来的入侵，南宋时只得偏安一隅。然而，统治者仍然没有"以刚制柔"，强大兵力，最终落得个被元灭国的命运。

基于中道治国的思想，《尚书》还提出了"刑中"的司法理念。刑中，是寻求公正与平衡的司法方法，它反对极端，追求适中。如《吕刑》的全篇就是讲"刑中"，即刑法要公正适用，量刑要公正。

小知识◎"明德慎罚"的司法精神

《尚书》提出的"明德慎罚"，也是后来儒家提倡的一种司法理念，体现了一种"仁道"精神。

《尚书》并不否定刑罚的作用，认为刑罚用得恰当，可以震厉一些顽民。尧、舜时期，虽然没有体系完善的法律，但是，为了维护统治，保护人身权利，已经有一套刑罚措施。《尚书·舜典》中就有中国最早明文记载的刑罚形式。

但是仅仅有刑罚是不够的，作用有限，而且不能体现王道的精神。比如，舜时，三苗族离心离德，舜便派禹武力征服，三苗不服，大臣伯益提议，要恩威并举，德武相济。禹接受了伯益的建议，撤退军队，实行文教德治，三苗族受到感化，终于归顺。因此，《尚书》指出，以礼制心，以德化民才是最关键的。

在礼与法中,礼教使民发自内心地服从,刑罚使民有所畏惧,但刑罚只能作辅助手段,不能滥用,必须"慎罚"。

4. 天人合一的诉求
——以德配天

《尚书》中，天，又称帝、上天、上帝、天帝，是具有主宰意志的至上神，掌管自然天象，及人间的祸福吉凶。

夏商时，人们对神秘莫测的天发自内心地崇拜和敬畏，唯天是从。凡是有重大事情要先占卜，通过卜筮来询问至上神上帝的意志。帝王是代天行使职权，他们的位子也是天神所授的，所以人们把帝王看作上天的儿子，即天子。

上古时，人们用天命来解释王朝更替是否合法。一个人能否拥有天下，就看是否有天命，这就形成了天命观思想。

"奉天承运皇帝诏曰"，经常看古装戏的人，对这句话一定耳熟能详。奉天承运，就是皇帝接受的是天命赋予的天子之运。诏书是皇帝专用的公文体，在一定时期内，有比较固定的开头语，但通常在开头语中要昭示皇帝地位的合法性。除"奉天承运"外，不同时期还用"应天顺时，受兹明命"，"昊天有命，皇王受之"，等等。文字有所不同，但开头的意思都是表明受天命所归。可见，天命观的思想在历史上影响深远。

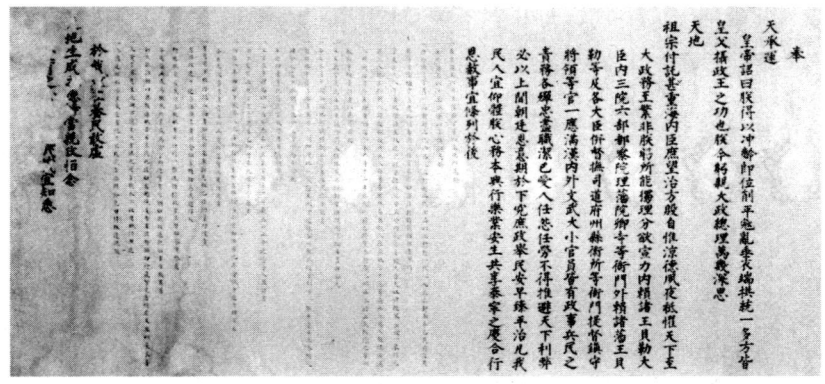

顺治帝亲政诏书
顺治帝亲政诏书，开头语即"奉天承运皇帝诏曰"

天命不移

天命观思想，随着历史的演变而不断改变。殷商时，还有不少人认为天命不移，也就是天命是一成不变的。持这种观点的人认为，我有上天保佑，我就有天生做帝王的命，这就好像一个人的命运一样，命中有时终须有，命中无时强求也不行。

《周书·西伯戡黎》中，记录了这样一段故事：

周文王为了扫除伐商路上的障碍，起兵征伐了黎国。黎国离商纣王的都城不到500公里，下一个目标就是商王朝了。商朝有个叫作祖伊的大臣，得知此事后，意识到了周文王对商朝的威胁，赶忙跑去报告商纣王。

祖伊对纣王说："不是祖宗不保佑子孙，是商王您自己荒淫的结果,所以天神要抛弃我们,我们的富贵荣华就要结束了。"商纣王听了,不屑一顾,说:"怕什么,我有天命,是上天赋给我天子之位的。"言下之意,我商王生来就有天子之命,天命是不会更改的,周文王再厉害,也无法违抗天命。祖伊只好很委屈地回去了,说:"殷朝就要亡了。瞧商王的所作所为,难道不会毁了自己的国家吗?"

祖伊是一个很有远见的臣子,他已经意识到天命和帝王的行为是密切相关的,商纣王的德行不好,天神不会再把天下交给纣王管理的。因此,祖伊想劝谏纣王收敛自己的荒淫行为,改恶从善,重新获得天神的庇护,让商王朝存延下去。但面对骄傲无知的纣王,祖伊失望了,明白商王朝的灭亡是不可避免的了。而商纣王呢,在思想中,一直是天命不可动摇的观念,所以他仍然大肆挥霍,殊不知命运之神只青睐有德之人。

以德配天

早在商初,贤臣伊尹总结了夏朝灭亡的原因。他发现,夏桀的灭亡,从根源上说,是"夏王弗克庸德",夏桀是因为失德而失去天下的。商汤之所以能代夏,不是上天偏爱商,而是商汤修德强国,上天保佑有德的人;也不是商汤会博取老百姓的心,而是老百姓愿意归顺有德之王。所以,在太甲即位以后,伊尹作为帝师,开始以德性来教育太甲。

在《伊训》中,伊尹告诫太甲说:"惟上帝不常。作善,降之百祥;作不善,降之百殃。"伊尹告诉太甲,上天的意志不是一成不变的,天命取决于帝王您的行为。如果多行善,天就降吉祥奖励您;行恶,必遭天谴。

既然天命不是一成不变的,如何才能做到拥有天命?伊尹说,只有帝王加强内在的道德修养，做一个有德的人，才能保住自己的王位。一个帝王如果没有恒常的德，那么这个国家十之八九会灭亡的。在这里，伊尹把天命和帝王的德开始联系起来，认为一个人有足够的善德，就可以感动上天，从而得到皇天的保佑。

西周建立后，周公总结了商朝灭亡的教训，经过反思，他又发现，天命与人之间有一座起沟通作用的桥梁，这座桥梁就是"德"。一个人只有经过努力修德，达到内心的德与天德相合，才能够拥有天命。于是，周公提出了可贵的"以德配天"的思想。

"以德配天"，强调个人的德性修养，只要努力修德，当德性达到至善时，就会受到天命青睐。这种思想，就好比一个人否定了宿命论，相信只要通过努力就可以改变命运一样，可以调动人的积极性。

"以德配天"的思想，肯定了人的努力，有着人道主义的萌芽，开中国重德性修养的先河。

修炼一德

有德就有天命，因此，帝王要长久地保住王位，唯一有效的办法就是修炼自己的德。"修厥身，允德协天下。"修德、修身是关乎国家存亡兴衰的大事，只有始终如一地修德，才能得到天的佑助而得天下。正所谓"内圣而外王"，只有帝王内心得到不断修养，成为有德有爱心的圣人，才能以身作则，教化民众，安邦治国，从而达到外王。

要拥有上天的青睐，首先就要做一个"咸有一德"的人。"一德"就是常德，也就是无论在任何时候、做什么事情，都能体现出自己永远不变的德。这与后来儒家的"慎独"思想很接近。如何修炼"一德"？

第一，要自省。"与人不求备，检身若不及"，修身的原则是不对他人求全责备，对自己则要经常检点不及他人之处，做到自我完善。这种道德修养的方法在今天仍具有教育意义。

第二，要多向有德、有善心的人学习。"德无常师，主善为师"，谁能集众善之德，谁就可以为师。

第三，每日进德，不松懈，持之以恒。"惟亲厥德，终始维一，时乃日新"。就是说要始终如一地注意自身道德修养，不断提高自己的道德意识，每天德性都有增加，直至成为至善的人，即圣人。

小知识◎《尚书》撷句

1. 德日新，万邦惟怀。志自满，九族乃离。

出自《商书·仲虺之诰》。意思是说，德行日日更新，万国归附；如果骄傲自满，亲戚也会疏离。

2. 天作孽，犹可违；自作孽，不可逭。

出自《商书·太甲中》。逭：音换，逃避。这句话的意思是说，天降的灾害还可以躲避，自作的罪孽，逃也逃不了。现在演变为："天作孽，犹可违；自作孽，不可活。"

3. 不矜细行，终累大德。为山九仞，功亏一篑。

出自《周书·旅獒》。意思是说，不注重细行，终究会损害大德，好比筑九仞高的土山，工作未完只差一筐土。这句话告诉我们，凡事都要有始有终，踏踏实实，坚持到底，持之以恒，才可成功。否则，虽然事情只差最后一步，却会因未能坚持到底而前功尽弃。

4. 必有忍，其乃有济；有容，德乃大。

出自《周书·君陈》。济：成。这句话的意思是说，一定要有所忍耐，那才能有所成；懂得宽容，德行才算伟大。

5. 不役耳目，百度惟贞。玩人丧德，玩物丧志。

出自《周书·旅獒》。度：做事的标准。贞：正，适当。这句话的意思是说，不被耳朵和眼睛等感官欲望所役使，百事的处理就会适当。把心思放在戏弄人上，就会丧失道德；把心思放在玩弄器物上，就会丧失大志。

6. 皇天无亲，惟德是辅；民心无常，惟惠之怀。为善不同，同归于治；为恶不同，同归于乱。

出自《周书·蔡仲之命》。意思是说，上天对人没有亲疏之分，它只保佑德行高尚的人；民心向背没有定规，它只归附仁爱之主。做善事的方法虽然各不相同，结果都会达到安治；做恶事的方法虽然各不相同，结果都会走向动乱。

7. 惟事事，乃其有备，有备无患。

出自《商书·说命》。意思是说，做事情，就要有准备，有准备才没有后患。

8. 非知之艰，行之惟艰。

出自《商书·说命》。意思是说，懂得道理并不难，实际做起来就难了。

5. 亘古不变的理念
——民惟邦本

曾经风靡一时的电视连续剧《雍正王朝》里有一首好听的歌,叫作《得民心者得天下》,其中歌词有:"得民心者得天下,看江山由谁来主宰?"

人民把江山交付给谁主管?交给懂民意、得民心的人,历代如此,这是亘古不变的定律。

国家是一定范围内的人群所形成的共同体形式。在一个国家,人民是创造文明、推动历史进步的主体。当统治阶级的意志与人民的意志一致时,人民就拥护他们;而当统治阶级的意志不能体现人民的意志,甚至相违背时,人民就起来反抗。在中国历史上,朝代的更替,无不缘于此。

天意在民

民本思想是中国优秀传统文化宝库中重要的思想资源。《尚书》

雍正像
清世宗爱新觉罗·胤禛（1678～1735年），康熙帝第4子，年号雍正，清朝入关后第3位皇帝。雍正十三年（1735年）八月因服用丹丸过度死于圆明园。在位13年，终年58岁，葬河北易县清西陵之泰陵

中"民惟邦本""天意在民"的可贵思想，是中国民本思想的最早源头。

夏、商、周时，尽管天命是解释政权合法性的唯一理由，但是，天命不像普通人一样，想让谁当天子就给谁，随心所欲。《尚书》虽然强调上天是至高无上的神，具有绝对的主宰，但又提出"天意在民"的思想，认为天命与民意是一贯相承的。《尚书》说：

民之所欲，天必从之。（《多方》）

天视自我民视，天听自我民听。（《泰誓》）

如何顺天而行，如何揣测上天的意志？上天的意志不是无法揣测

的，它就体现在民意、民心中。民视，人民的关注点，民意所在。民听，是人民的声音，人民发出的呼声。

上天的意志体现在民视和民听中，因此统治者必须了解民情，体察民意，关注民意的呼声，才能顺天而行，享有上天所赋予的天子之命。所以，《尚书》告诉历代统治者，只有让人民安居乐业了，才是真正的敬畏天命，这就是敬天保民。

总结夏、商、周的历史经验教训，无不体现出得民心者得天下的真理。

鸣条之役，是商军击败夏军的关键性战役，但进一步深究下去，为什么商军能够取胜，为什么夏王朝在顷刻间灭亡？这是因为夏桀早已失去民心了，众叛亲离。正所谓"失民心者失天下"，就算不是商汤去征伐夏桀，也会有其他的方国去讨伐夏桀的，从这一点来说，夏王朝的灭亡是必然的。那谁有资格登上天子之位呢？商汤得到民心，众望所归，商汤拥有天下，也是必然的。

周武王讨伐商纣王，最后拥有天下，从本质来说，并不是因为周军征伐商军而取得的，而是因为周文王、周武王得到了民心。周本来属于商王朝的一个诸侯国，老百姓盼望周武王攻打商纣王以拯救他们，如果周武王不去，也算是失民心。周武王是顺应民心攻打商纣王的，所以最终以小胜大。民心是政权存亡的决定因素，因此周朝取得天下又是合理的。

民惟邦本

《尚书》告诉我们："民惟邦本，本固邦宁。"民是国家的根本，只有民安了，国才会泰；民富了，国才会强。国家的政治，如果不能

三 修身治国的大智慧 | 113

立足于这个理念去管理，那么就会岌岌可危。回顾一下历史，秦朝的强盛，隋朝的富裕，也不过是昙花一现，究其原因，轻民生，无视民意，最终失去人民的支持。

因此，一个国家要长治久安，在政治上，必须以民生、民意为根本，重视民心，以人民的利益为最高追求。孟子说，"民贵君轻"，民是水，君就是浮在水上的舟船。水可以载舟，没有水，舟无法行驶；水也可以使舟倾覆，让舟上的人溺水身亡。孟子的这个比喻形象地说明：没有民众的支持，国家是不可能生存下来的。

在历史上，明君对人民是十分敬重的，生怕自己做了违背民意的事情，而遭天谴。一旦民生出现问题，比如自然灾害，或者因为战争，老百姓生活有困难的时候，明君就会采取开粮赈灾、减免税收等一系列的安抚措施。只有昏君，才会不顾及民心，苛捐杂税繁多，只供自己享乐，最终结果是加速灭亡。

四 百家争鸣的"《尚书》学"

从汉代将《尚书》奉为儒家经典以后,学者开始对它进行研究与注解。这个历史十分悠久,成果丰硕,逐渐形成了专门研究《尚书》的学问——"《尚书》学"。

1. 注重文字训诂的
《尚书正义》

在《尚书》学史中，有两大里程碑，一是代表汉学的《尚书正义》，二是代表宋学的《书集传》。《尚书正义》与《书集传》风格迥异，前者重视文字训诂，后者强调对义理的阐发。

汉学，顾名思义，就是汉代人治学的方法。汉代人研究经学时，注重对名物、制度的考据和文字训诂，后世就把这种治学方法统称为汉学。唐代时遵守疏不破注的原则，仍遵守汉人的章句训诂之学，实质也是汉学。孔颖达的《尚书正义》是唐代研究《尚书》的集大成之作，为汉学的代表作。

《五经正义》

唐代的文化十分繁荣。唐太宗李世民是历史上有名的富有文韬武略的明君，他不仅在政治、经济上开创了一个新的历史局面，也在文化方面作了重大贡献。"有唐三百年风雅之盛，帝（指唐太宗）实有以启之焉",绝非虚言。

李世民即位以后,为了加强唐王朝的统治,招揽天下英才,继承了隋朝开创的科举考试。历次的科举考试,为唐朝的兴盛奠定了人才基础。唐太宗曾在一次科举考试结束后,看着新进的进士们鱼贯进入朝堂,不无得意地说:"天下英雄,尽入吾彀(gòu)中。"唐太宗深谙治国策略,懂得用人,控制人才。正如唐代诗人赵嘏(gǔ)所说:"太宗皇帝真长策,赚得英雄尽白头!"

思想的统一,是每个朝代的统治者都会面临的一个严峻的问题,唐太宗也不例外。他决定统一科举内容,以经学的统一为突破口,进而统一思想。

唐太宗画像
唐太宗李世民(599～649年),唐朝第二位皇帝,卓越的政治家。在位期间国泰民安,社会安定,经济文化繁荣,史称"贞观之治"

隋末时儒学颓废不振,唐高祖李渊开始着手恢复儒学。唐太宗时,又进一步提高了孔子的地位,推崇儒学。可是唐初时,经学局面非常复杂,版本杂多,各本的注释也不同,文字错漏的地方更多,没有标准的定本。于是,唐太宗命令颜师古统一校勘《诗》《书》《礼》《易》《春秋》五部经典,统称为《五经定本》。

颜师古出身书香世家,祖父颜之推是南北朝时的著名学者,著有《颜氏家训》。颜师古聪敏好学,精于训诂。唐贞观七年(633年),颜师古被任命为秘书少监,专管校订古书的工作。颜师古奉唐太宗之命校勘的"五经",对魏晋以来的"五经"版本和文字进行了全面的整理和校对。《五经定本》完成后,被颁行全国,成为全国统一的标准教科书。至此,唐太宗完成了对经学的统一。

唐太宗在对"五经"的版本和文字整理完成之后,为了促成思想统一,他又开始着手统一"五经"的义疏。统一"五经"义疏是一项十分艰巨的任务,工作量远远大于校勘"五经"文字,所以,唐太宗命令新任国子祭酒孔颖达主持,另派颜师古、司马才章、王恭、贾公彦、杨士勋等名儒参加编撰工作。

孔颖达,字冲远,冀州衡水(今属河北)人。孔颖达出生于一个世代书香的仕宦之家,自幼便耳濡目染儒家文化,"八岁就学,日诵千余言",悟性极佳。唐太宗时,他曾与魏徵、颜师古等修订《隋书》,有"良史"之称。由于孔颖达学识渊博,文采出众,深得唐太宗的赏识。

贞观十四年(640年),太宗任命孔颖达为国子祭酒,即国子监的主管官。国子监是中国古代国立最高学府和官府名,传授儒家思想,其中最重要的礼仪就是祭祀,所以国子监的主管被命名为祭酒。孔颖达对"五经"有相当的造诣,唐太宗知人善用,下诏令孔颖达主持"五

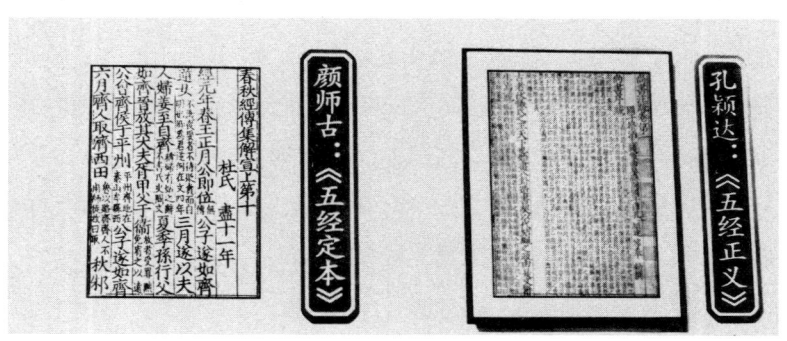

颜师古《五经定本》与孔颖达《五经正义》

颜师古(581～645年),字籀,唐初儒家学者、经学家、语言文字学家、历史学家。擅长文字训诂、声韵、校勘之学。唐太宗曾命颜师古考订、编撰《五经定本》,又命孔颖达撰《五经正义》,并将这两部书颁行天下,作为科举考试的标准

《十三经注疏》
现在通行的《十三经注疏》，是将《易》《诗》《书》《周礼》《礼记》《仪礼》《公羊传》《穀梁传》《左传》《孝经》《尔雅》《孟子》《论语》13部经典的注和疏加上唐陆德明《经典释文》的注音合刊成的一部书

经"义疏的统一项目。

经过多年的努力，一部综合古今、考订异说、长达180卷的《五经正义》终于完成。唐太宗非常满意，立即褒奖孔颖达等人，并下诏将《五经正义》颁行天下，作为科举考试的标准教材。

南宋绍熙年间，汇集唐宋之前最具权威性的"十三经"注、疏的合刊本，形成一整套经书及其注文，称为《十三经注疏》。清嘉庆时，著名学者阮元主持重刻《十三经注疏》，对宋明时期的"十三经"注疏本进行了校勘，成为迄今为止最好的本子，号为善本。唐代孔颖达的《五经正义》是《十三经注疏》重要的组成部分。

《尚书正义》

作为《五经正义》中的一部，《尚书正义》20卷，采用的是汉代孔安国传本。《尚书正义》将经与注集而为一，分别注释。先解释经文，后解释旧有的注解，广征博引，采选众说，并对各派经学家的见解进行了协调折中。《尚书正义》主要有两种刊印版本：

（1）单疏本

《尚书正义》和《五经正义》其他4部一样，最初是没有经书和汉魏旧注全文的，只是将需要疏解的部分列出。这种版本称为"单疏本"。

（2）注疏本

南宋绍熙年间，将《尚书》经文、《尚书孔氏传》、《尚书正义》等内容全部编汇一起，单疏本《尚书正义》的内容分散到《尚书孔氏传》的相应位置，就形成了"注疏本"。

江南贡院内的"号舍"

"号舍"，再现了当年科举考试的场景。科举时代考试的场所称为"贡院"。江南贡院位于江苏南京夫子庙东侧，是我国古代最大的科举考场，明、清两代时是江南地区乡试的场所。内有"号舍"达20644间，可同时容纳考生2万多人

《尚书正义》合并了《今文尚书》和《古文尚书》。由于今古文的真伪之争,许多"疑古派"对《尚书正义》采用梅赜献上的《尚书孔氏传》非常不满,他们认为梅氏本《尚书孔氏传》就是一部伪书,不足为本。但是,作为科举考试的必读经书,已经广泛流传上千年的《尚书正义》,对中国文化影响巨大。

"正义"这种注解方式,本着疏不破注的原则,也就是疏解时一般不突破原书的范围,侧重于章句训诂,沿袭的仍是汉学。所以,在思想上的阐发,不像后来的宋学《尚书》那样天马行空,添加许多自己的思想观点,大发感慨。

不过,《尚书正义》也不是死守汉学,在不少地方也阐发了义理思想。如,在谈到天与人的关系时,就用了较多的文字,反复阐明用天道治理民众的道理。《尚书正义》认为,如果君主不好好地治理百姓,就是违背天意,上天就会离君主而去。这些对当时的统治者重视民生是有现实意义的。

小知识◎训诂

用通俗的语言解释词义叫"训",用当代的话解释古代的语言叫"诂"。训诂,就是用通行易懂的语言解释古代语言文字或方言的字义(或词义),后来用作解释词语的泛称。

◎义疏

产生于魏晋南北朝时期,是古书的注释体制之一。义疏,就是疏通原书和旧注的文意,阐述原书的思想,或广罗材料对旧注进行考核，补充辨证。如南朝梁皇侃的《论语义疏》。

◎正义

又叫作"疏"，也叫"注疏""义疏"，是对经书的经文以及原有的注释再作注释，以统一异说，便于阅读。唐代出于思想统一和科举考试的需要，由官方以指定的注本为基础把经书的解说统一起来，这种新的注疏，唐人称之为"正义"。

◎从"五经"到"十三经"

13种儒家文献取得"经"的地位，经过了一个相当长的时期。汉代，官方立《易》《诗》《书》《礼》《春秋》为官学，即"五经"。唐代有"九经"，也立于官学，用于开科取士。"九经"即《易》《诗》《书》《周礼》《仪礼》《礼记》和《春秋》三传。唐文宗开成年间于国子学刻石，所镌内容除"九经"外，又加上《论语》《尔雅》《孝经》。

南宋大儒朱熹将《礼记》中的《大学》《中庸》《论语》《孟子》合为"四书"，汇集一起作为一套经书刊刻问世，并著有《四书章句集注》，得到官方的认可。《孟子》一书就正式成为"经"。至此，儒家的13部文献，即《易经》《尚书》《诗经》《周礼》《仪礼》《礼记》《春秋左传》《春秋公羊传》《春秋穀梁传》《论语》《孝经》《尔雅》《孟子》全部确立了经典地位，此后再也没有变化。

2. 追求义理阐发的《书集传》

《尚书》在宋代受到高度的关注。宋代儒家把《尚书》看作政治之学，可以经世济民，因此纷纷对它重新做出阐释。整个宋代，研究《尚书》的著作是宋以前所有《尚书》学著作的数倍，足以看出《尚书》受宋人重视的程度。《书集传》是南宋蔡沉的毕生著作，集宋代《尚书》学之大成，是宋学《尚书》的代表作，对后世影响深远。

六经注我

纵观中国文化，经典是有限的，那丰富多彩、多元化的文化是如何形成的？这与中国古代特殊的创作方式有着密切的关系。现代人想通过著书立说，传达自己的思想观点，通常是原创，不需要依据经典。在古代则不同，他们经常通过为经典作注解，来阐发自己的观点。

古代人的学习方式通常有两种，一种是"我注六经"，另外一种是"六经注我"。

清明上河图（局部）
北宋画家张择端传世名画，描绘了北宋京城汴梁以及汴河两岸的繁华景象和自然风光，反映了北宋时的繁荣文化

有人曾经问南宋心学派大学者陆九渊："请问先生，您为什么不著书立说？"陆九渊回答说："六经注我，我注六经。"

"我注六经"就是研究者尽量去理解六经的本义，通过对字词章句的解释，理解经典的原意。"六经注我"，是借六经即原经典的话，来阐发自己的思想。"我注六经"接近汉学的学习方式，"六经注我"就是宋学的治学方式。宋代大儒家，比如周敦颐、朱熹等，他们在著书立说时，都通过注解经典，来阐发自己的思想，尽管他们的思想可能在原经典里并不存在。

宋代有着自由创作的学风。宋代文人敢于变革，敢于摆脱传统束缚，敢于质疑。清代学者皮锡瑞在他的《经学历史》一书中，就把宋代列为"经学变古时代"。宋代的儒家们，他们不是纯粹为学问而皓首穷经，而是强调经世致用，也就是想通过学习、征引儒家经典，力求为当前面临的社会矛盾和社会问题，开出一副"补药"，达到国治民安的实效。正是在"变古"和"经世致用"的学风下，宋儒们开始重新审视儒家重要经典，摈弃汉学，通过诠释经文的义理，为自己思想体系的建构服务。

这种以"变古""经世致用""六经注我"为特点的治学方式，后人称之为宋学。宋学重视义理思想的阐发，汉学侧重字词章句的训诂和考据，区别很大。

朱熹与蔡沉

人们如果要问，谁是宋代以来最著名的儒学大家，非朱熹莫属。朱熹，字元晦，一字仲晦，南宋江南东路徽州府婺源县（今江西省婺源）人，历史上著名的理学家、思想家、哲学家、教育家、诗人，世称朱子。朱熹晚年主要活动在福建，与当地的理学家蔡元定十分要好，两人既是师生，又是朋友。

1167年，蔡元定的第三子出生。朱熹对这个新生命的到来感到非常高兴，并为他取名，希望他将来"潜心体道，默而成之"。这就是蔡沉。蔡沉虽是蔡元定的第三子，由于他的二哥早已过继给表亲虞氏，在家中实质上排行老二，即"仲"，所以又以"仲默"为字。

蔡沉小时候，父亲蔡元定经常带他去拜访朱熹。朱熹出去交游，也喜欢带着蔡沉。长时间的耳濡目染，使蔡沉对儒家经典十分感兴趣。长大后，蔡沉成为朱熹的弟子。蔡元定品德高洁，一生未曾做官，专心研究学问。蔡沉以父亲为榜样，30岁时就不再参加科举考试，后来多次受到朋友的举荐，但是他一一拒绝，把毕生心血放在著书弘道上面。

宋宁宗庆元元年（1195年），发生了"庆元党禁"之祸。朱熹被革职，蔡元定虽然是平民身份，也受到牵连，在1196年时被发配到湖南道州编管。蔡沉伴父而行，历尽人间疾苦，但仍不忘弘道，完成《洪范传》一书。不幸的是，两年后，蔡元定在道州因病去世。蔡沉奉父命，回家侍养在朱熹左右，直至朱熹去世。

朱熹晚年，在"四书五经"等经典中，唯独没有来得及注解《尚书》。由于年事已高，精力有限，朱熹决定将《尚书》的注解工作交付给蔡沉，并定名为《书集传》。

蔡沉撰写《书集传》，得到了朱熹的真传。朱熹亲自集注了《尧典》《舜典》《大禹谟》等篇，为蔡沉如何撰写做了示范，又把《书集传》

黄坑
蔡沉扶柩归故里，从此隐居唐石里（黄坑）九峰山教授乡民，人称九峰先生。蔡沉(1167～1230年)，字仲默，福建建阳人，蔡元定三子。受朱熹命，疏注《尚书》十余年，成《书集传》6卷

的主要思想、集注的原则和方法，以及弟子收集的有关《尚书》的材料，一一传给蔡沉。有了老师的悉心指导，再加上蔡沉的《尚书》造诣，从而使得《书集传》成为一部划时代的名著。

《书集传》的特点

宋代研究《尚书》的著作很多，要在卷帙浩繁的同类著作中脱颖而出，实属不易；同时要受到后世儒家的推崇，成为元、明、清三朝600多年间科举考试的教科书，更是难得。然而，《书集传》就是这样的一本书。

在《尚书》学史上，《书集传》是继《尚书正义》之后的又一个里程碑，也是《尚书》学研究的转折点。整整元、明两朝的《尚书》学，主要研究方向就是以《书集传》为中心而展开的。据胡适先生的考察，直到20世纪20年代初，全国学堂里的学究（即读书人）一直沿用蔡沉的《书集传》。

为什么《书集传》具有如此高的地位，有如此深远的影响？现在不妨挖掘此书的几大特点，以探究竟。

重视对思想的阐发，成为"圣人心法"的重要经典

蔡沉集解《尚书》，不是把《尚书》仅看成上古时代的历史资料，而是以二帝三王时期的史实为依托，极力宣传圣人治国的心法，也就是传道。蔡沉说，《尚书》记载着"治天下之大经大法"，是三代圣人传心要典。他将注释《尚书》的宗旨定为阐明圣人相传的心法。对经文本义的训诂，不再像汉学家一样，为考据而考据。他对经文的解释，是为阐发他自己的思想服务的，目的是让圣人心法和治国之道彰显出来。

心法、治平之道才是理学家关切的重点，蔡沉也是如此。在这一点上，蔡沉比前人做得更好，他以经典为依托，不仅说得有理有据，而且有自己的创造性的观点，丰富了孔孟之道在政治上的运用。

只要掌握好了治国智慧，国泰民安就不再是难事。这当然深受后来统治者的青睐，试想又有几个帝王不想自己的天下太平，百姓安居？所以，他们把《书集传》立为官学，推到至高地位，不难理解。

蔡沉的许多思想是超前的，有主创性，即使从现在的角度来说，还是极具价值。比如，三纲五常是儒家非常重视的，蔡沉也很看重。

泰山
摒弃门户，敞开心扉，就能达到高层次境界。蔡沉的《书集传》的成就，正是他博采众长、不为门户所囿的缘故

但他论述的伦理纲常和传统有所不同。

举一例子。宋代大学者吕祖谦在评价商汤流放夏桀时，运用传统的三纲五常理论。他认为，君为臣纲，君要臣死，臣不得不死。而商汤原是夏桀的一个臣子，臣子反过来讨伐君主，最后流放原来的主子，这是典型的不忠行为。

蔡沉对吕祖谦此说，大加反驳。他说，夏桀还没有失去天命民心时，汤作为桀的臣下，对夏朝是很忠诚的，并没有想过要臣易君，取而代之。但是，夏桀昏庸暴行，老百姓对他恨之入骨，巴不得夏桀去死，这时候商汤讨伐桀，恰恰说明"汤之心最忠"。商汤忠谁？谁才是最值得商汤"忠心"的人？人民！商汤顺从民心，去掉残害百姓的人，不是最忠的吗？忠，不是死忠君，真正值得忠于的人就是人民！

作为近千年前的封建社会的学者，蔡沉能够摆脱他的阶级局限性，有如此长远的治国理念，令人敬佩！

博采众说之长

读了《书集传》，可以了解宋代人注解《尚书》的主要观点。因为蔡沉参考了许多大家尤其是宋代儒家的观点。对于历代的《书》解，蔡沉择优援引，并加以融会贯通。可以说，《书集传》从章句、训诂、考证、旨意、义理等，全面吸收他家之精华，更重要的是，蔡沉引用各家众说时，没有门户之见，只以优劣是非作为取舍的标准。这种客观求实的态度，也值得学习。

《书集传》还有一大亮点，就是在每一篇下面，标明是今文还是古文。这是《尚书》学史上在每篇都标识今古文之有无的首例。

小知识◎理学

又称道学,宋朝以后的新儒学。理学流派众多,主要有两大派别:一是以程颢、程颐、朱熹为代表的程朱理学,一是以陆九渊、王守仁为代表的陆王心学。狭义的理学,专指以"理"为最高范畴的学说,即程朱理学。

◎阎毛之争

宋代的疑古之风,到明清愈演愈烈。《古文尚书》真伪问题,又成为清代以来中国学术史上的一大悬案。阎若璩撰写《古文尚书疏证》,力辨其伪,但同一时代的大学者毛奇龄撰《古文尚书冤词》,又力辨其真。二人才气极高,都是"汉学开山者"。此事轰动一时,对近现代影响很大。

毛奇龄
毛奇龄,字大可,号初晴,学者称"西河先生"。清初经学家、文学家。浙江萧山人

3. 历代对《尚书》的评价

《尚书》形成后,许多人对它的评价是:这是一本帝王将相的"圣经",士子学人的教科书。孔子说,《尚书》是可以让人"疏通知远"的经典,因此他把《尚书》作为必修教材,传授给弟子。古代有才学的人大都读过《尚书》。我们经常称赞一个人有才学时说"饱读诗书","诗书"指的就是《诗经》和《尚书》,这些足可见证《尚书》的地位和影响。

帝王将相的"圣经"

有时候我们会很好奇,作为统治者,古代帝王将相会读一些什么样的书?如果推崇儒学,那么读"四书五经"是必定的。先看一下明朝万历皇帝的"课程表"。

万历皇帝10岁登基,由于年纪小,他父王隆庆帝在遗嘱中指定高拱、张居正、朱希忠3位大臣辅政,并要求万历皇帝:"进学修德,用贤使德,无事怠荒,保守帝业。"对于小皇帝来说,"进学修德

张居正故居

张居正(1525～1582年),湖广江陵(今属湖北)人,字叔大,少名张白圭,又称张江陵,号太岳,谥号"文忠",是明代著名的政治家、改革家

就成了每天最重要的内容。为了培养一个称职的君主,张居正便承担起万历皇帝的学习事务。他专门设计了一个符合皇帝学习的"课程表",即《日讲仪注八条》。其中第一条就是:

"每日讲读《大学》《尚书》。先读《大学》10遍,次读《尚书》10遍,讲官各随进讲。毕,即退。"

万历皇帝的第一节课是学习儒家经典著作《大学》与《尚书》,先是传统式的通读背诵,然后是讲官串讲。

读史可以明智。《尚书》传递的是治国智慧,可以让皇帝从历史经验中很快地学习治国的方法,所以要治国,怎么能不读《尚书》呢?因此,历史上许多皇帝都把《尚书》列入必读书目。

汉代的成帝,对《尚书》情有独钟。王充《论衡·佚文》中记载:"孝

成皇帝读百篇《尚书》,博士郎吏莫能晓知,征天下能为《尚书》者。"汉成帝喜欢阅读《尚书》,可是他没怎么读明白,于是向朝廷中的博士、郎官请教,但没有谁精通。对《尚书》似饥若渴的汉成帝,便广征天下,欲得到通晓《尚书》的人。

周公是一个才华横溢的人,有"元圣"之称,他对《尚书》也是偏爱有加。《墨子》记载:"周公旦朝读《书》百篇。"这样一位伟人,他每天早上必读《尚书》。对于心怀天下的帝王将相来说,《尚书》有如"圣经",让他们充满管理智慧,使社会和谐,百姓乐业。

疏通知远

大教育家孔子非常重视《尚书》,他亲自删订《尚书》,把它当成教科书,供弟子们学习。帝王将相学习《尚书》可以知道治国理念和方法,一个普通人为什么要学习《尚书》?因为《尚书》不仅仅是历史书,它也是上古社会人们生活方面的经验总结,既包括政治,还包括人生哲学,以及许多其他文化。所以孔子说:"疏通知远,《书》教也。"

疏通,通过学习《尚书》可以知道上古的历史、文化、人生智慧等。司马迁在《史记》中说:"述往事,思来者。"史书就是记载过去发生过的事情,历史的发展是有规律可循的,从中可以找到兴衰的原因,各种经验教训的总结。它像一面镜子,以古鉴今,可以少犯同样的错误。当把握了人类历史和人生起伏的变化规律时,明天的方向也就尽在掌握之中了。

所以,普通人学习《尚书》,不仅可以学习中国的文化,了解自己国家的历史,而且可以汲取历史经验和智慧来指导我们将来更好地做人做事。

那么，通过对《尚书》的学习，具体可以"疏通"哪些道理？孔子提出了"七观"，他说："《六誓》可以观义，《五诰》可以观仁，《甫刑》可以观诚，《洪范》可以观度，《禹贡》可以观事，《皋陶谟》可以观治，《尧典》可以观美。"《尚书》蕴含着很高深的学问和道理，从不同的篇章中可以体会到不同的道理。孔子说，从誓词和诰文中可以了解到仁、义、道德的重要，从《洪范》篇可以掌握凡事要适度或者执中的原则，在《皋陶谟》中可以把握治国的方法，等等。

小知识◎原始宗教崇拜

人类一开始并无任何宗教。到了旧石器时代中、晚期，人们的思维能力有了进步，开始思索自然界和社会现象。但是，那时的认识能力还很低，人们无法理解自然界和社会出现的一些现象，比如，天上会打雷，会闪电等。既然无法解释，就会对这些自然现象产生一种畏惧。

人的心理，总是对超出人的能力的强大力量产生崇拜。像自然界的太阳、月亮等，人们对它们拥有的力量无法解释，觉得神秘，所以自然而然地产生了崇敬的心理，于是把自然现象神化，信仰它们，并想象出许多神话，这就产生了朴素的宗教信仰。

所以，原始宗教是原始社会发展到一定阶段的产物，反映的是人和自然的关系与矛盾，但这仅仅是初期状态的宗教。

原始宗教主要表现为三个形式：

自然崇拜 自然崇拜是对大自然的崇拜，这是原始宗教

北京天坛圜丘坛铁燎炉
这些铁燎炉专为祭天时焚烧松柏枝、松花、松塔等用,属于柴祭用器

最早的一种崇拜形式,持续的时间最久。古代人们结婚仪式上"拜天地"也是源于这种文化。直到现代,我们还可以在一些民间看到跪地拜天求雨,这些都是由于对自然的崇拜。

自然崇拜又可大致分为三种形态:

一是对天体,如日、月、星辰的崇拜。

《尚书·舜典》中说:"岁二月,东巡守,至于岱宗。柴、望秩于山川。"柴、望都是祭天之礼。望即遥祭;柴,就是把燃烧的柴火放在岳坛中,以祭天。远古人认为,在高山顶上放火,火与烟相伴而起,直上云霄,天神更易于接到人们的信息。在我们今天,祭祀时仍然点香燃蜡烛,这实际上是远古柴祭的遗俗。

二是对自然力,如风、雨、雷电的崇拜。

三是对自然物,如山川石木、鸟兽鱼虫等的崇拜。

妇好墓玉龙

古代的玉龙，除新石器时代的红山文化外，商代的妇好墓里也出土不少。这件玉龙造型细腻，龙的角、口、目、齿齐备，昂首张口，身上有菱形鳞纹。龙的形象也是中国传统文化的典型象征

后母戊大方鼎

后母戊鼎是中国商代后期王室祭祀用的青铜方鼎，因其腹内壁上铸有"后母戊"三字而得名

图腾崇拜　图腾崇拜产生于母系氏族社会时期，人们认为自己氏族的祖先是由某一种特定的动物、植物或其他生物转化而来的，是本氏族的保佑神，于是就把它作为氏族的族徽——图腾，并加以崇拜。

如商族认为自己是"玄鸟"的后代，他们就以"玄鸟"作为本族的图腾。中国人都会说我们是龙的传人，龙就是中华民族的图腾。

祖先崇拜　人们对自己的直系亲属有很深的感情，相信去世的祖先会继续保佑自己的后代，所以对祖先的灵魂加以崇拜。如中国人清明扫墓的习俗就是祖先崇拜的遗风。

图书在版编目（CIP）数据

上古智慧：尚书 / 王春林著. — 郑州：中州古籍出版社，
2014.5
（华夏文库）
ISBN 978-7-5348-4765-3

Ⅰ.①上… Ⅱ.①王… Ⅲ.①中国历史 – 商周时代 – 通俗读物 Ⅳ.①K221.04-49

中国版本图书馆CIP数据核字（2014）第084400号

华夏文库·儒学书系
上古智慧：尚书

总 策 划　耿相新　郭孟良
责任编辑　张　佳
责任校对　王　健
封面设计　新海岸设计中心
版式设计　曾晶晶
美术编辑　曾晶晶
责任印制　刘新毅
项目统筹　单占生　萧　红（执行）

出　　版　中州古籍出版社
　　　　　地址：河南省郑州市经五路66号
　　　　　邮编：450002
　　　　　电话：0371-65788693
经　　销　新华书店
印　　刷　河南新华印刷集团有限公司
版　　次　2014年5月第1版
印　　次　2014年5月第1次印刷
开　　本　960毫米×640毫米　1 / 16
印　　张　9印张
字　　数　60千字
印　　数　1–3000册
定　　价　23.50元

本书如有印装质量问题，由承印厂负责调换